简单最实用经济学系列丛书

经济学的A面与B面

余大有◎编著

企业管理出版社
EMPH
ENTERPRISE MANAGEMENT PUBLISHING HOUSE

图书在版编目（CIP）数据

经济学的A面与B面 / 余大有编著. —北京：企业
管理出版社，2013.9

ISBN 978-7-5164-0440-9

Ⅰ.①经… Ⅱ.①余… Ⅲ.①经济学—通俗读物
Ⅳ.①F0-49

中国版本图书馆CIP数据核字（2013）第172359号

书　　名：经济学的A面与B面

作　　者：余大有

责任编辑：宋可力

书　　号：ISBN 978-7-5164-0440-9

出版发行：企业管理出版社

地　　址：北京市海淀区紫竹院南路17号　　邮编：100048

网　　址：http：//www.emph.cn

电　　话：编辑部（010）68701408　　发行部（010）68701638

电子信箱：80147@sina.com　zbs@emph.cn

印　　刷：北京博艺印刷包装有限公司

经　　销：新华书店

规　　格：710mm×1000mm　1／16　12.5 印张　149 千字

版　　次：2013年10月第1版　2013年10月第1次印刷

定　　价：39.90元

目 录

1

经济学是个什么玩意儿

一提到经济学，人们就会想到亚当·斯密的《国富论》、马克思的《资本论》，或者凯恩斯的《通论》。而在想到这些大部头的经济学原理类著作时，几乎所有非专业人士都会望而却步，认为经济学便是这些高头讲章，是一门普通人不可能读懂的高深学问，也是一门远离普通大众生活的学问，非专业人士不能了解。

事实果真如此吗？经济学到底是个什么玩意儿呢？真的是普通人不能涉足的艰深学问吗？其实不然，早在19世纪时，经济学家阿尔弗雷德·马歇尔就在他的教科书《经济学原理》中写道："经济学是一门研究人类一般生活事务的学问。"也就是说经济学是一门与大众生活息息相关的学问。甚至日常生活中处处都是经济学，比如一个家庭中谁做晚饭，谁擦地板，谁去为大家采购日用品，都是经济学问题。

不仅如此，更有的经济学家认为，经济学可以解释几乎我们会遇到的所有问题。1992年诺贝尔经济学奖得主加里·贝克尔，利用经济学分析方法对家庭、教育、歧视、犯罪等社会问题进行了卓有见地的分析，在西方被称为将新古典经济学用于非经济分析的第一人。贝克尔闯入非经济领域是源于他对经济学分析工具的充分自信，他认为："理性分析理论能够解决的问题比迄今为止已经解决的问题要多得多，我现在仍然认为理性选择理论是非常有力的武器，经济学帝国主义可能较好地描述了我的工作。"也就是说，我们在生活中遇到的几乎所有问题都可以用经济学的思维来分析，而且这种分析会使我们更加理性，成为经济学所说的"理性人"，能够更好地处理现实生活中遇到的所有问题。

也正是在这一观念的影响之下，经济学开始走下讲坛，直接参与到解释并指导人们的日常生活中来。近年来，有许多用经济学理论来解释日常生活的书很受欢迎，比如美国康奈尔大学经济学教授罗伯特·弗兰克所著的《牛奶可乐经济学》，史蒂芬·列维特与史蒂芬·都伯纳合著的《魔鬼经济学》等等都十分受欢迎，成为各大图书畅销榜上有名的图书。

这些书的畅销说明了人们越来越懂得经济学不是一门将普通人拒之门外的高深学问，而是一门与人们的生活关系极大的，并且能够给人们提供理性思维的学问。人们渐渐地学会用经济学去思考问题，去做出决定，认识到经济学是一个指导人们生活的"玩意儿"，是能够使人拨开迷雾，豁然开朗的"玩意儿"，是一种让人们越来越懂得如何去生活的"玩意儿"。

本书也是从这些目的出发，用经济学的道理来阐释我们的生活，使我们对生活中的事情更加理解，能够更好地去生活，让我们通过学习一些经济学来拥有一双"慧眼"。

第一章

假如没有"黄牛党"——关于供给与需求

为什么二手房会涨价而二手车会跌价？

为什么黄金价格会十年内疯涨了五倍？

为什么在网络购票时代，人们还会呐喊：票贩子，你在哪里？

为什么在雨天难以打到出租车？

为什么有些地区的儿童入托难、入幼儿园难？

为什么停车费上涨后，停车场可以议价了？

为什么最新热门电影的票价贵，而热门的畅销书价格却很便宜？

是张悟本的"养生经"让绿豆价格疯涨的吗？

毫不夸张地说，回答上述问题只需搞清楚经济学里的两个基本概念：供给与需求。

所谓供给，就是指卖者根据买者的需求而提供产品。一种物品或者劳务的供给量是卖者愿意并且能够出售的该物品的数量，也称为供给量。

所谓需求，则是指买者因为生活的需要而对某一商品产生的需求。一种物品的需求量是买者愿意并且能够购买的该种物品的数量，也就是需求量。

有供给，有需求，理想状态下，有买有卖，二者和谐共生，我们的社会就大同了。

然而，真的进入大同社会，经济学家不就失业了吗？经济学家之所以能够源源不断地总结出各种花样百出的理论，正是因为供给和需求这两个家伙永远在纠结，永远在较量，永远不和谐。

我们都知道，一种物品要进行交易，必须要有供给者与需求者。供给者只有在其出售的物品能够给自己带来最大化利润时才愿意出售，而需求者也只有在自己想要购买的物品能够给自己带来最大化效用时才会购买。这时，价格就从中扮演了重要角色。

如果物品的价格太低，无利可图，供给者不会出售，而如果价格过高，不能给自己带来最大化效用，需求者便不会购买。因此双方如果要进行交易就一定要有一个双方都可以接受的合理价格。当市场上几乎所有的买卖双方都可以接受这个价格时，物品的价格就会在这一价格上固定下来，买卖双方会大量进行交易，这一交易价格能够使供需基本达到平衡，这个价格就是均衡价格。

在均衡价格时，买者愿意并且能够买到的物品量正好与卖者愿意并且能够出售的物品数量相平衡。但是因为在市场上有非常多的买者与卖者，他们都会为了各自的利益而对物品的需求量与供给量作出不同的调整。这就必然会影响物品的交易价格，会使价格出现波动，但是交易又必须要进行，因此就会在下一个价格点上使供需关系达到平衡，出现了另一个均衡价格。这也是为什么我们在日常生活中发现有些商品的价格虽然在不同时期有所不同，但是却会在一定时期内比较稳定的原因。

像一个家庭不可能为家庭所有成员提供所需要的一切物品一样，社会也不能为社会的所有成员提供需要的所有物品，这一切都是因为资源的稀缺性。资源的稀缺性决定了物品的供求难以一直达到平衡，因此就需要一种机制来对稀缺性资源进行配置，使其得到最有效的配置并使供给量与需求量达到平衡。配置资源的最好方式就是价格机制。众所周知，当物品供给量少时，会出现价格上涨的现象，而当物品价格低时，则会出现供给者减少供给量的现象。市场经济就是通过价格机制调节供需使之平衡，从而使资源的配置达到最优化。

总之，供给与需求是经济学中最重要的理论之一。诺贝尔经济学奖得主美国经济学家弗里德曼讲过如下一个笑话："只要教会鹦鹉说'供给'与'需求'，那么它也会成为一个经济学家。"这个笑话虽然是一种自我调侃，但是同时它也告诉了我们一个事实："供给与需求"是经济学中非常重要的概念。因此，想要拥有"经济学的慧眼"，使自己能够像经济学家一样思考，首先要学做一只会说"供给与需求"的鹦鹉。

为什么二手房会涨价而二手车会跌价

房和车是和人们生活息息相关的两样东西，都是很受人们追捧的，但在这两样东西前加上"二手"两个字，它们的命运就变得截然不同了。

近年来，房地产是热门的产业，房价一路飙升，居高不下。从中国的房地产网站"搜房网"的近年来各年各月的统计来看，二手房并没因其是"二手"而降低身价，而是和新房有同等的竞争力，近年来都是不断地上涨，甚至某些地段的二手房的价格还会高于新房。

和房子一样，车在人们的生活中也占有重要的份量，有房有车是很多人奋斗的目标和动力。但二手车的命运却和二手房相差甚远，在二手房价格不断飙升之时，二手车的价格却在猛跌。以北京最大的二手车交易市场丰台区花乡二手车市场为例，在二手房的成交量和价格都不断攀升的这几年，二手车的成交量和价格却一直在下跌，和二手房的走势正相反。二手车市场的冷清度令人难以相信，即便是二手准新车，价格也一跌再跌，但还是吸引不到买家。小孙是二手车的评估师，他在微博上抱怨："收了辆标配思域，行驶了两万三千多公里，车况非常好，相信很快就能出手，结果一个多星期过去了，连个来给价的真心买主都没出现，生意简直没法做下去了。成交量跌得厉害，二手车市场里冷清得不是一点半点儿，我都想改行去开包子铺了。"

同样是二手商品，为什么市场消费者却"厚此薄彼"，为什么二手房价格不断上涨，而且购买的人越来越多，而二手车价格猛降却几乎都无人问津，逼得经销商都要去卖包子了呢？其实原因非常简单，不外乎是供需关系的不平衡。

中国的城市化进程时间并不长，而且房地产的兴起也不过十几年，房子的供给量远远小于需求量，所以房价必然不断地上涨，新房价格上涨，二手房的价格自然也会上涨。全国工商联房地产商会全国房地产经理人联盟秘书长杨乐渝说，以北京为例，最新统计显示，每年有60万人涌入，如果其中有一半人需要买房，以每户100平米计算，新增需求便达3000万平米，而房地产商自然不可能供应如此多的新房，所以价格自然上涨，而一些买不到新房又想要买房的人自然便会转向二手房市场，结果自然会导致二手房的价格不断上升。

而二手车则是正好相反。按照中国人的观念以及目前的经济发展水平，再考虑到个人的收入水平来说，买房是必须的，是刚性需求，但是买车并不是刚性需求，至少对于一些人来说，要先买房再考虑买车的问题。也就是说，人们对汽车的需求并不像对房子一样强烈。这也被车市一再证明，每年的车市很多人虽然参加，但大多是为了去看车模，真正买车的人根本没有多少，新车如此，二手车就更不用说了。同时每年又会有大量的车进入二手车市场，供给量不断增加，而需求量却没有增加，反而因为新车市场的价格不断降低而减少，所以二手车市场的供给就更加大于需求了，经销者为了能够经营下去就只能一再降低二手车的价格了。

📊 为什么黄金价格会十年内疯涨了五倍

在人类社会的很长一段时间内，黄金都是货币的基础，黄金也一直以各种不同的形式作为货币在各国内流通。虽然自1933年，美国总统罗斯福宣布取消金本位制度，到1971年黄金与美元完全脱钩，美元成为国际通用货币之后，金本位制就再也没有恢复，但是黄金在货币中的地位却依然十分重要。在今天，黄金仍是被国际接受的继美元、欧元、英镑、日元之后的第五大国际结算货币。著名经济学家凯恩斯在揭示黄金的秘密时就曾指出："黄金在我们的制度中具有重要的作用，它作为最后的卫兵和紧急需要时的储备金，还没有任何其他的东西可以取代它。"

2012年9月，美联储主席伯南克的一番讲话释放出宽松政策信号，令国际金价备受鼓舞。受此影响，北京各家金店集体宣布上调金饰品价格，距离上次调价仅仅十来天，北京的菜百、国华、工美大厦、中金等主要黄金卖场，千足金饰品价格每克上调了10元，为每克415元；足金饰品则每克上调了11元，由每克399元上调至410元。而香港周大福的千足金饰品价格调整为442元/克，金条金价为428元/克。

近年来国际金价一直上涨，但消费者的购买热情不减反增。除了饰品消费者外，购买黄金用于投资的顾客也增加了不少。

中国黄金协会副会长兼秘书长、中国黄金报社社长张炳南认为，总体来讲，如果把黄金看作是消费品，那么它应该符合价格低时需求量上升、价格高时需求量降低的一般规律。但是因为黄金同时具有金融属性，所以百姓也把购买黄金视作保值、增值的工具。近年来黄金价格成倍增涨，不但没有降低消费者的积极性，反而极大地刺激了居民的消费，无论是各种黄金饰品还是实物金条，需求量都是相当大的。

黄金的价格为什么会在相当一段时间内一直疯涨呢？是因为投机商不断地炒黄金造成的吗？当然肯定与其有关，但是正如房价的上涨虽然与炒房者有关，但炒房者绝对不是主要原因，黄金的价格不断疯涨也是有着其他更为重要的原因的。

其实黄金价格的上涨也不能跳出市场规律之外，也是与供需关系分不开的。一般来说，黄金的需求主要包括以下几个方面，即黄金工业、黄金储备、饰品加工，以及满足政府、企业和个人家庭保值、投资和投机性需要。

有关数据表明：黄金的工业总需求量在2006年达到304吨，而黄金首饰制造业作为黄金需求最大的行业在2006年时需求量达到2280吨。此外，黄金储备作为各国中央银行用于防范金融风险的重要手段之一，是衡量一个国家金融健康的重要指标。作为一个在全球经济中有巨大影响力的国家，黄金储备一般占到外汇储备的10%。但是从目前各中央银行的情况来看，俄罗斯、中国、日本作为经济政治大国，黄金储备却很少。2009年年底，我国外汇储备达到23992亿美元，而黄金储备却只有1054多吨，远远低于国际发达国家的水平，急需增加黄金储备。此外，黄金还有保值的作用，所以人们对黄金还存在投资需求。普通投资者投资黄金，一方面能利用金价波动，入市赚取利润，另一方面，可在黄金与其他投资工具之间套利。

很多人认为黄金的价格之所以疯涨完全是人们投机黄金造成的，其实不然，如果黄金的供给量大于需求量，那么再炒也不会出现价格疯涨的现象，其主要原因还是供给远远小于需求。据据世界黄金协会统计，目前全球地上黄金存量为16.3万吨，已确认的地下存金量为2.6万吨左右，以目前黄金开采速度，可供开采10年左右。2008年的《中国国际期货》报表示，目前全球黄金总需求量每年大约维持在3979吨，而近几年黄金的年产量基本维持在2572吨左右。由此可见，供给与需求之间有1000余吨的差额。在供需严重不平衡的情况下，再加上黄金投机的推波助澜作用，黄金的价格疯狂地上涨也就不足为奇了。

为什么在网络购票时代，人们还会呐喊：票贩子，你在哪里

在2011年春节之前，找票贩子买票，成为很多"无能"购票人的最佳选择。从正规售票处买不到票时，大多数人被迫从黄牛党手中买高价票，他们都痛恨黄牛党的不道德行为。各地政府也认为票贩子扰乱了火车票的市场，都加大警力严厉打击黄牛党。很多人为此拍手叫好，希望政府能够把所有的票贩子都抓起来投进监狱。这样一来，就不会有票贩子跟他们抢票了，自己就可以从正规渠道买到火车票，欢欢喜喜地回家过年了。

在2011年春节，铁路实行像飞机一样的实名购票，人们凭着身份证可以电话或网络购票，在这种实名购票的制度下，票贩子的"事业"被很大程度地限制和打击了。人们都兴高采烈、奔走相告、举杯庆祝，都以为在这种政策下，可以不再为买票发愁了，但现实很残酷，并没有像人们预想中的一样，顺利地买到票，顺利地回家过年，更多的人还是在为买票发愁，在网络、电话都买不到，排队也不灵的情况下，人们还是心系神通广大的票贩子，很多人在QQ签名、微博上呐喊：天上掉下个票贩子吧、黄牛黄牛你们都在哪里……

现实，并没有和人们想象的一样，即便没了票贩子，买票回家过年还是很困难。这是因为，火车票数量的多少取决于铁路的承运能力。正

常情况下，假设每天有8000人要乘火车从北京到上海，而火车票总共有10000张，供大于求，这时不会有"黄牛党"来倒票。但"春运"时期，据相关部门统计，在40天左右的时间里，共有20多亿人次的人口流动！虽然在春节时期有加班车，但相对于暴增的旅客，这也不过是杯水车薪。也就是说，春运期间人多票少，无论有没有票贩子，总是有人买不到车票的。事实上，票贩子倒票的目的在于赚取手续费，他们手中的票最终还是要卖到旅客手中，他们只是经各种渠道得到票之后从旅客身上扒一层皮，而丝毫没有减少火车票的供应量。

所以，旅客不能顺利买到票的主要原因不是票贩子从中作梗，而是因为在春运期间坐火车的人太多，对火车票的需求太大，而铁路部门又不可能在短期内改变承运能力以增加车票供给，供需关系出现了严重的不平衡。虽然"黄牛党"的倒票行为是违法的，但是从经济学的角度来看，只要存在需求量远远大于供给量的现象，就会有黄牛的出现。而且，即便把黄牛根除了，也无法在短期内解决因供需关系而导致的买票难问题。

为什么在雨天难以打到出租车

总有电影是这么演的：在一个大雨滂沱的午后，女主角手拿提包放在头顶挡雨，一辆出租车从远处驶来，女主角急忙挥手，出租车停在面前，女主角打开车门上车，与此同时，有一名男子从车的另一边跳上车，俩人因为这辆车是谁先抢到的而争执不休。他们的故事由此展开，而这一刻，也成为俩人命中注定的邂逅。

很多人会说这样的电影开场很俗套，那么多影片都用了这样的情节开场，但是从来不会有人说类似的故事是脱离现实与生活的，因为这样的情况切切实实地存在于我们的社会之中。

雨天难以打到出租车，是每一个城市都存在的问题，无论这个城市在中国、在美国，抑或是全世界最小的国家——梵蒂冈。那么到底是什么原因造成的雨天打车难呢？很多人认为原因就在于雨天的时候，出租车司机也不愿意出来拉活，出租车的数量少了，但是打车的人没有减少，出现了供需关系的不平衡，所以就会出现雨天打车难的现象。这种说法似乎有理，实则不然。个中原委到底如何，请听下文仔细道来。

刚性需求：指商品供求关系中受价格影响较小的需求，这些商品包括日常生活用品、家用耐耗品等等，也可理解为人们日常生活中常见的商品和必需品。无论价格如何变化，人们对这种商品的需求是必须的，也就是刚性的。

弹性需求：指当产品或服务的价格有所变动时，市场对该产品或服务的需求也发生明显变动的状况，这些商品具有竞争激励、替代产品较多、非生产生活必需品等特征。

以中国的大城市为例，按照《城市道路交通规划设计规范（GB 50220-95）》大城市每万人拥有20辆出租车的指标，一座市区户籍人口为200万的城市，它所拥有的出租车数量至少为4000辆。假如这座城市外来人口为100万，即300万人的城市拥有4000辆出租车。

基于以公交车为主、出租车为辅助的城市公共交通出行原则，目前中国城市出租车行业里程利用率控制在55%左右较为合理。也就是说每座城市大概有55%的人是固定每天都打车的，他们对出租车的需求是刚性的，也就是说自己必须要打车出行。此时，在不下雨的情况下，该城市的出租车供求关系是相对平衡的。而一旦遇上雨天，原来不打车人群中，每10人中便会有2个人因为没带雨具而需要打车，还可能会有另外2个人因为有约而需要放弃原定的出行方式被迫改为打出租车出行。也就是说，原来45%不打车的人中会有40%的人加入到那群每天都打车的人群中去。对这些人来说，出租车是弹性需求，在出现特殊情况时，他们才会选择打车出行，平时都会选用其他交通工具。因此，综合起来算，在雨天时，出租车的利用率会突然上升到73%。一般来说，当一个城市的出租车利用率达到70%以上时，就表示该城市的出租车供求矛盾较为突出。

　　可见，雨天打车难的确是因为供求不平衡造成的，但不是因为出租车的减少，而是因为需要打车的人在短时间内暴增而出租车的数量又不能在一时之间增加太多造成的，也就是说雨天出租车需求量的瞬间提升，是造成难以打到出租车情况发生的"罪魁祸首"。

为什么有些地区的儿童入托难、入幼儿园难

　　帐篷、行军床这本是在野外露营时才用得着的工具，可是2010年6月9日的《北京日报》刊登的一篇报道中却称，在北京市昌平区西关环

岛附近有一群人在路边支起了帐篷，搭起了行军床。这些人在路边支帐篷、搭行军床难道是在搞行为艺术吗？事实并非如此，这群人的行为也许很艺术，但绝对不是在搞什么行为艺术，而是在做一件必须要做的事情——给孩子报名入托。

据该报记者报道称：6月8日，位于昌平区西关环岛的工业幼儿园门口，上百名家长为了给孩子报名入园，排起了长长的队伍。排队的主要是孩子的爷爷、奶奶、姥姥和姥爷。其中几位老人表示，他们平时并不与孩子住在一起，这几天是特意从延庆、河北等地赶过来的，因为子女都要上班，耽误不起时间。最令人感到惊讶的是，队伍中居然有一位据说已经96岁的老太太。她说自己的重孙子快3岁了，今年9月该上幼儿园，又听说今年孩子特别多，需要排队才能入托。所以，她从6月1日凌晨5点就来这儿排队了。虽说大部分时间都是儿孙轮流排，她还是怕错过时间报不上，所以一有空就来这里坐着，到现在为止已经排了8天的队了！中国有句古话说："儿孙自有儿孙福，莫为儿孙作马牛。"现在看来，不仅要为儿孙作马牛，还要给重孙作马牛呢！

都说中国人不排队，没有"先来后到"的观念，其实是不对的，至少在这场"行为艺术"活动中，为了保持秩序，家长们自发组织起来，每天有人负责给排队的人发号，不来排队的自动取消资格。为"自求多福"，替孙女排队的杨女士把这些写有号码的小纸片塞进一个写有"喜"字的红包中小心保存，并在嘴里念叨："这可是我的命根子哟，千万不能丢了……"

入个托居然要连夜排队，这是为什么呢？这些"家长的家长们"异口同声地说："不是我们想白天黑夜地这么排队，完全是被逼的。去年工业幼儿园是6月24日招生的。之前，有不少家长昼夜排队，结果一些'老实听话'的家长被园方劝走。没想到幼儿园突然在凌晨三四点钟贴出招生简章，名额一下子被占满，很多排了几天队的家长落了空。""吃一堑，长一智"，一进入6月，他们就自发地在幼儿园门前排起了队。

不仅在昌平，在全国各大城市都出现了这种现象，有句话说是"入园难，难于考公务员；入园贵，贵过大学收费"。现今，上幼儿园难的问题不仅让家长倍感焦心和苦恼，也引起了党中央、国务院的高度关注。当前大城市普遍存在学前教育需求与供给严重失衡的问题。比如天津市内每个区仅有二三十所公办园，南开区一些热门公办幼儿园报名人数和招收人数之比超过4：1；深圳全市有1000多所幼儿园，小班新生学位约7.3万个，但2007年全市新生儿达13.5万人，按三岁入园估算，供需缺口接近一半。

据学前教育科工作人员介绍，北京近三年来共出生幼儿46万人，其中户籍人口占49%，非户籍人口占51%。昌平城区包括公办园和民办园在内共有15家幼儿园，大约3000个学位，如果单纯招昌平户籍生源是完全能够满足的，但外地户籍的孩子当然也需要入托，而且孩子入托是刚性需求，到了年龄就必须要入托，所以即便提高入托的价格，也不能减少需求。同时，托儿所在近几年内并没有增多，而且还有一些托儿所因为种种问题被取消开办资格，自然就会出现入托需求量大，学位越来越不够用的情况，"入托难"问题也就日益突出，为了能使自己的孩子入托成功，就出现了诸如96岁的老人不仅不能安享晚年，却还得在路边支帐篷、搭行军床，为重孙"作马牛"，为其入托连夜排队的奇怪而又合情合理的现象。

为什么停车费上涨后，停车场可以议价了

　　如果问，近年来在北京涨价最快的东西是什么，很多人会毫不犹豫地说：停车费。2010年3月30日的《北京晚报》报道：北京市朝阳区国贸附近的富尔大厦，目前小型车白天的收费标准是，地上停车场1元/半小时，地下停车场2.5元/半小时；而4月1日之后，地上停车场的费用将涨至4元/半小时，地下停车场则涨至3元/半小时；夜晚时段收费标准不变。调价后，地上停车场里一个小时的停车费就多出6元，涨幅高达300%。其他诸如中关村等繁华商业区的停车标准也大幅上调。

　　据相关部门公布的数据：北京的停车位有一百多万个，但私家车的数量早已超过了四百万台。车辆如此之多，是停车位的近三倍，所以就会出现停车难的问题。看来现在一线城市流传的顺口溜："吃得起饭时住不起房，住得起房时买不起车，买得起车时停不了车"，真的一点也不夸张。几乎三辆车抢占一个车位，自然很难停车了。这一问题引起了社会各界的重视，社会学家舒可心认为："利用价格杠杆调节停车难的矛盾，不失为解决停车难问题的一个有益的尝试。"很多人也持此观点，于是在很多城市的繁华商业区便贴出了新的停车收费标准。在停车位不够用的情况下，价格当然无疑是上调了。

　　但停车费上调后，在很多地方却出现了以下一幕：

　　某日，像往常一样，晓龙把车停在收费的地下车场，在收费员给了

一张纸条后，晓龙付给他20元钱，作为一天的停车费用。

　　大家是不是很奇怪，停车费涨价后，在中关村这样的繁荣地段，停车费按每小时6元钱计算，一天8小时也要48元，为什么晓龙只付20元就能停一天呢？

　　上调收费价格的目的是"解决停车难"的问题，但是意料不到的是，停车费用上调了三倍之后，停车场停车的确是不难了，可是来停车的人却很少了。有些原本开私家车出行的人选择打出租车了。因为高额的停车费用已经比打车花的钱还要多了，而且打车还不费油钱，不用自己开车，省心省力。停车高价收费的确解决了停车难的问题，但是对那些收费停车场来说却不是好事。原来停车的人抢着来，张三刚开出去，李四就把车停下了，而现在张三不来停车了，李四也不来停车了，很多车位都空了，原本赚钱的生意，现在开始亏本了。

　　但是上有政策，下有对策，停车场一边挂着按照规定收费的牌子，一边与前来停车的人进行议价停车服务。

　　也就是说，真正的停车收费标准不是规定的标准，而是每个前来泊车的人与停车场的工作人员进行协商，在双方都认可的一个价格上达到停车交易。很显然，这样一来，停车的价格肯定会低于政府规定的标准。

　　根据经济学的供需原理，当一种物品的需求大于供给时，价格会自然上浮，以使其达到供求关系的相对平衡，而商家也会趁机提高一定的价格来赚取更多的利润。但是商家绝对不会将价格提高到没有人愿意购买自己的商品或者劳务的水平上来。原本停车费用比以前高了很多，但是在政府下达上涨标准之后，停车费用过高，真的让原本开私家车出行的人在繁华区停不起车了，根本没有人愿意随便开车出行，所以停车场就没法经营了。

由此可见，政府提高停车收费标准暂时缓解停车难的现象有一定的可行之处，但是把价格定得过高却不利于收费停车场的生存。而收费停车场的经营者则采取了议价停车的方式，在此标准之下与泊车者商谈价格，使自己能够经营下去，也使愿意开私家车出行的人能够停得起车。同时，有一些不知道繁华商业区停车可以议价的人仍然选择打车出行，也从一定数量上减少了停车位的需求量，从而使停车问题得到了部分的解决。但是要真正解决停车难的问题，还得提高车位的供给，而不是用价格杠杆来迫使需求下降。

为什么最新热门电影的票价贵，而热门的畅销书价格却很便宜

2010年1月4日，总投资高达4.6亿美元、号称"世界上最昂贵电影"的好莱坞大片《阿凡达》正式登陆内地，立马掀起了观影热潮，特别是巨幕电影（IMAX）版本，更是一票难求。在上映的第一周内，内地票房就轻松突破2.6亿元人民币。而电影票价更是由原来的70元/张，飞涨到了150元/张，双休日票价则更是涨到了250/张，甚至在上海有的地方票价都被黄牛炒到了600元的高价。

而与此同时，2012年11月20日从当当网上我们可以看到，由湖南文艺出版社出版的畅销书《正能量》的定价只有29.80元，而且还打了6.2

折，实际售价仅为18.50元。还有一些其他的比较畅销的书，甚至打了更多的折扣。

同样都是最热门的消费品，都是精神消费品，为什么电影的票价贵，而且价格不断上涨，而畅销书的价格却便宜呢？很多人认为这是时效性问题。因为电影的时效性很强，过了这段时间就不会有人再看了，所以价格就会高。而书的时效性也很强，过了这段时间看的人也会少很多，所以出版商会更愿意薄利多销，多卖多赚。

这与时效性当然有关，电影过了上映期就会下架，想看也看不到，偶尔回放票价也会低很多。而绝大多数畅销书也是如此，一本畅销书无论写得多好，过了一段热销期自然也不会有太多的人愿意购买。可是为什么同样是时效性的原因，一个票价不断上涨，一个折扣越来越多呢？也许时效性并不是热门电影票价更高，热门书籍价格更低的真正原因。

虽说电影院在特定时间上映的所有电影，定价基本上都差不多，但和其他电影相比，影院不愿意给热门电影提供折扣的原因很简单。因为电影是热门电影，看的人自然会更多，但是电影院能提供的座位数量却是固定的，影院方面当然希望卖更多的票出去，但是座位的多少决定其只能出售多少张电影票。对电影院来说，决定票价的稀缺资源不是电影本身，而是座位，一旦电影院的座位坐满了，给再多的钱也无济于事。也就是说一方面，观众对热门电影有过高的需求量，而影院却只能提供固定的电影票，这种供需关系决定了影院方面不会打折。而且由于供不应求，他们还会涨价，如果人们的观影愿望像《阿凡达》那样强烈，那么票价可能要数倍于原始价格。可见，是人们对电影院座位的需求大大高于电影院能提供的座位供给量导致了"一票难求"、票价水涨船高现象的出现。

那么畅销书为什么反而定价更低，而且打折更多呢？其实书商这样做也是基于一种供求关系原理的。如果一本书已经确定是畅销书，那么就可知其需求量一定会很大。书商自然就会加大供给量，争取能够多卖多赚。书当然也会占库存，但是与电影相比来说就小很多，而且如果是畅销书也会卖得很快，基本上不会给店面带来太大的压力，对于网店来说更是如此。此外，在通常情况下，对一本书的需求也分为刚性需求与弹性需求。对于一些确实想买这本书的人来说，其实并不在乎其价格，因为这本书对其来说是刚性需求，无论价格高低都会买。但是对于一些潜在的买者来说，情况就不一样了，也许价格本来就不高，但是如果不打折还是不能激起其购买欲望，他们对这本书的需求属于弹性需求。而如果价格降到了他们愿意接受的水平上，他们就会购买，而需求量就会因此而加大了。而反过来这种需求量也会刺激其供给量，也就会使得畅销书越来越低廉，越来越畅销。

薩伊法则：是指"供给会自行创造需求"或者"生产会自行创造销路"。简单地说，就是指供给方能够通过比如打折、宣传等方式来自己创造需求。

因为畅销书的供给量是可以随时加大的，只要开机印刷即可，不像电影院的座位一时之间不可能增多，所以它既能满足刚性需求，同时也还可以最大可能地挖掘弹性需求来增加自己的销量，以赚取更多的经济利益。

总之，无论是热门电影的票价居高不下，还是热门书籍的价格越来越便宜，都是因为供需关系在"作祟"，绝对不是什么时效性问题。

是张悟本的"养生经"让绿豆价格疯涨的吗

2010年夏，在各大媒体上风光了很长一阵子的"神医"张悟本被人揭穿了，原来他不是什么"神医"，最多不过是一个"专治跌打损伤"的江湖郎中，任何行医凭证、医学成就都没有。但是他的"养生经"《把吃出来的病吃回去》却早就销售数百万册了。而且很多人相信了他是神医，他在书中以及电视讲座中开的药方真的能"包治百病"，有报道称四川上百人因听信张悟本"生吃泥鳅养生"，得了寄生虫病而被急送医院。

这事影响还不算大，最大的影响是他在书中对绿豆的"崇拜"。他在书中推荐"每天一斤绿豆"，"开锅5~6分钟就倒出来喝汤"，加甘草清肺热、加黄芪健脾、加枸杞滋阴，可协助治疗心血管疾病、便秘、"假性高血压"、牛皮癣甚至结肠癌等疑难杂症。有人粗略计算，全书中"绿豆"二字出现110处以上，多数疾病的调理方案均配有"绿豆汤"。结果一时之间绿豆价格暴涨。

有记者在广州东圃肉菜市场对此进行了采访。采访中的一名粮油店老板表示，"今年绿豆多卖了3成左右"，有两个"大客"几乎每周都到店里采购十多斤绿豆。"我自己也煮绿豆汤，听说很好，但是做不到每天一斤。这几个月进货太贵了，简直是天价。"

由此可见，张悟本长期宣扬"吃绿豆好"的确对绿豆的价格产生了影响，他也因此而遭到许多指责。根据新华社报道，2010年3月中旬以来，全国绿豆批发价格持续上涨，截至5月25日累计涨幅达67.9%，至每斤7.97元，同比上涨152.9%。因此有人说他是炒作绿豆价格的推手：一斤绿豆去年只要4元左右，今年卖到12元，就是因为张悟本在养生经中推荐读者"每天一斤绿豆"，"激化"了绿豆的市场需求。对此，张悟本很不认同，认为自己"可没有这么大的能量来操纵全国的农副产品市场"，但是一些媒体却始终这样认为。

事实真的是这样的吗？

实际上，张悟本的"养生秘笈"顶多算是绿豆涨价的助推因素，供应量减少和囤货行为才是绿豆涨价的主要原因。调查发现，导致绿豆价格暴涨不外以下几方面原因：一是近几年国内玉米、小麦和稻谷价格的大幅上涨，吸引农民大量种植大田作物，绿豆等小杂粮的种植面积有所减少；二是去年夏季东北绿豆主产区遭遇严重的伏旱天气，导致绿豆单产下降明显，供应量减少；三是绿豆出口需求旺盛，2009年，中国出口日本的绿豆价格已达1700美元/吨，出口价格上扬，对国内绿豆价格形成支撑；四是绿豆不是主要农作物，一般以间作为主，产量有限，而东北地区出现倒卖粮食现象，导致绿豆大量外运，其中也不乏哄抬价格等因素；五是绿豆具有消暑解毒的功能，随着炎热夏季的到来，绿豆汤作为最好的饮品受到人们的普遍欢迎，需求大幅上升，需求与产量的巨大反差导致绿豆价格一夜攀升。

绿豆价格暴涨是因为天气干旱导致减产，而有些商家又因此而进行了囤积，农民种绿豆也少了，这些原因使供给量减少了很多，而人们对绿豆的需求量并没有减少，因此就会出现价格的上涨。虽然张悟本的书很畅销，但是相对于巨大的绿豆市场来说，他根本不会起太大的作用。因此可以说，张悟本的确对绿豆价格的暴涨产生了影响，但是根本的原因还是供需关系的严重不平衡。

第二章

山寨来了——关于成本与收益

为什么"山寨"、"跟风"在中国大行其道？

为什么红皮蛋比白皮蛋价格要贵？

为什么LV包在中国成为"一次性"消费品？

史上最牛规则"图书限价令"的发布应该吗？

为什么黄金时段的电视广告会拍出天价？

为什么到药店买药，店员总是给你推荐你不想买的药呢？

为什么有些商品会低于成本价甩卖？

为什么有的出租车司机会拒载乘客？

为什么超市中常有促销员向消费者发放免费品尝的食品？

为什么几乎没有客人光顾，有些小餐饮还是照常营业呢？

为什么有人宁可支付违约金，也不履行合同？

为什么人们宁愿私了，而不愿意用法律手段维护自己的权益？

你以为生命真的是无价吗？

为什么修理旧手机比买部新手机还要贵？

这些问题都是我们日常生活中常见的问题，非常普通，看似非常容易懂的事情，可是如果让我们解释一下，却有些许的困难。但是如果你懂得一点经济学知识，解释起来也许就不那么困难了，因为这些问题全都可以用"成本与收益"来解释得一清二楚。

　　经济学有个基本的假定——经济活动的所有参与者都是理性的，人们无论做什么事情都是为了获得利益的最大化。所以在做任何事情时，首先要考虑的便是成本与收益的问题。所谓成本也称为生产费用，是指在生产中使用的各种生产要素的支出。而收益就是指生产出来的物品或者付出的劳务在出售之后获得的收入。生产成本减去产品收益就是获得的利润。

　　对于企业或者个人来说，从事任何活动的目的当然都是为了追求利润的最大化。因此就要对成本与收益进行详尽的分析，然后再做出理性的行动。对于普通人来说，成本就是指做一件事情的财物与精力的投入。但成本与收益远非如此简单，人们在做一件事情时，会投入各种各样的成本。比如当你有一定的资金，可以开一家酒店，也可以开一家超市时，你需要在两种投资中做出决定。如果你决定开酒店，那么你就必须得放弃开超市可能获得的收益。而这也算是一种成本，经济学上称为选择成本或者机会成本。也就是说，你做一件事就意味着要以放弃另一件事为成本。通常情况下我们在做出决定时会考虑到两件或者几件事情的差别，但是却往往不会将其计入成本考虑，因此有的时候往往会做出错误的决定。

　　即使是我们通常所说的成本也分为长期成本和短期成本。所谓长期成本是指在从事一件事情时自始至终一共投入的成本多少，而短期成本则是指在一定时间内投入的某一成本多少。比如一天的时间对一件事情投入的多少就是这一天的短期成本。人们在计算成本时也会从长期与短期来进行不同的计算，因为成本投入的不同，会带来不同的收益，也会使自己做出是扩大投资，还是紧缩投资的决定，然后做出对自己的利益最大化的选择。

总之，一个最简单的道理就是，人们无论做什么事情都要考虑成本与收益的问题。只要我们懂得了这个道理，很多看似不解的事情也就很容易理解了。

ⅢⅡ 为什么"山寨"、"跟风"在中国大行其道

2010年7月25日的《计算机世界》发表了一篇名为《"狗日的"腾讯》的文章，并且封面是一个被插了三刀，流血满地的腾讯QQ企鹅形象。这篇文章主要针对腾讯是创新还是模仿展开的。封面上对报道的简介是："别人出迅雷，它就出QQ旋风；别人出拼音加加，它就出QQ拼音；别人出百度知道，它就出QQ爱问……腾讯几乎不会缺席任何一场互联网盛宴。它总是不疾不徐地跟随，然后悄无声息地出现在你背后；它总是在最恰当的时候杀出来搅局，让同业者心神不定；它总是在时机成熟时，决然地露出终结者的面目。"

"狗日的腾讯，你做得真绝！"那些互联网巨头都这么说，他们羡慕嫉妒恨。报道中提到了曾经广受欢迎的联众游戏如何被腾讯的游戏给

击败，目前，腾讯向杀毒和团购领域出手，让在这些领域开拓的互联网业者心惊胆跳。报道还分析"腾讯为什么还不满足？一只企鹅为何如此贪婪？"文章引用某网络公司总裁蒋涛的观点说："腾讯的产品策略之一就是：所有的互联网应用，只要用户量到了一定级别，腾讯一定要有，别人的产品可以暂时比腾讯做得好，但腾讯绝不会让它不可替代。"文中跟风、山寨之类的字眼多处用到，对腾讯的态度就像是很多人戏谑嘲笑的一样："一直在模仿，从未被起诉。"

腾讯公司对此立刻作出反应，当天晚上便在公司官方网站上公布的一则《腾讯公司声明》中说："《计算机世界》作为专业媒体，竟然在未对腾讯公司进行任何采访的情况下，用恶劣粗言对待一家负责任的企业，用恶劣插图封面来损害我们的商标和企业形象，造成极其恶劣的影响，更粗暴伤害了广大腾讯用户的感情。对于这种行为，我们严正谴责，并保留追究其法律责任的权利。"

腾讯之所以成为众矢之的主要是因为它一直在"山寨"、"跟风"，模仿其他公司的产品，然后通过自己强有力的平台去击败这些先行者，所以遭到了许多网络创业者的痛恨。其实有一些网络先锋，比如曾创立过校内网、饭否网的王兴一方面在痛恨腾讯的同时，也应该反思自己其实也是在模仿，校内网模仿了Facebook，饭否网模仿了Twitter，而他所谓被腾讯模仿的团购网站"美团网"其实也是模仿了外国网站。百度在一定程度上模仿了谷歌，其他网站也很少有国内原创的技术。所以这些人在鄙视腾讯模仿他人的同时，也一直在"山寨"，在"跟风"，不过是五十步笑百步而已。

其实，把范围再说广阔一点，在中国内地，现在几乎所有的行业都在山寨，都是跟风产品，手机、电脑、图书、电视节目等等，山寨、跟风现象已经蔚然成风。中国已经俨然成为一个"山寨大国"。为什么现在"山寨"、"跟风"在中国能够大行其道呢？

很多人认为"山寨"、"跟风"之所以盛行是因为已经有人取得成功了，自己直接"拿来主义"，比较容易取得成功。事实也的确是如此，山寨确实在中国取得了很大的成功。但是这并不是因为有人已经取得了成功，自己模仿复制即可，而是因为成本与收益问题。

以成功的电视节目为例，创建一个品牌综艺节目，没有长时间的积淀、严密精细的论证过程和观众收视心理分析是不可能的。而做到这一切都是需要付出巨大的成本的，但是在中国现在的情况下，其收益可能都不会大于成本，这样一来就不可能再把节目做出来。但是一个业界人士描述了这样一个场景：在一家民营影视公司新近"接活"的节目策划会上，先是为与会者播放了他们想合二为一的日本和台湾地区电视台的两档娱乐节目，随后两家大电视台的名策划提出了种种建议，也不过是他们自己电视台以及欧美电视台其他一些栏目的要素集合，待拼盘配齐花色，策划会即圆满收场。不久之后这一节目便成为一个非常火爆的电视节目。

"山寨"、"跟风"也可以说是一种"以小搏大"的商业模式。从业者模仿他人的成功模式，投入少量的技术成本，然后取得巨大的收益，真正达到了自己利润的最大化，所以这种模式在现在才会如此地风行。

为什么红皮蛋比白皮蛋价格要贵

　　我们在超市里经常会看到，人们在挑选鸡蛋时，钟情于红皮鸡蛋，认为红皮鸡蛋比白皮鸡蛋营养价值高。有些商家抓住这种商机，把鸡蛋进行分类，人们都偏好的红皮鸡蛋自然定价要高一些，不太受"欢迎"的白皮鸡蛋价格要便宜些。难道价格高的红皮鸡蛋的营养真的高于便宜些的白皮鸡蛋吗？

　　人们喜欢红皮鸡蛋，一定是因为红皮鸡蛋的营养大大高于白皮鸡蛋，所以才心甘情愿地掏更多的钱购买，但这是一个"健康食品谎言"。据美国华盛顿鸡蛋营养中心的研究表明，不管是鸡蛋的味道还是营养都与蛋皮的颜色无关。只有蛋黄颜色和营养有关，鸡蛋黄颜色取决于饲料，如果饲料中类胡萝卜素和维生素A的含量高，则蛋黄颜色深。此外，有关营养专家作了红、白皮蛋的营养分析，测验结果表明：白皮鸡蛋蛋白质含量为13.02%，脂肪为11.22%。但蛋中的胆固醇含量却相反，白皮蛋比红皮蛋低6.18%。维生素A含量白皮蛋比红皮蛋高54.4%，而且，白皮比红皮皮薄，蛋清稠，以整体分析而言，白皮蛋的营养价值高于红蛋皮，对人体更有利。

　　所以，鸡蛋的营养价值不由鸡蛋皮的颜色决定。而且现在看来，白皮鸡蛋的营养要比红皮鸡蛋要高，为什么红皮鸡蛋的价格还要比白皮鸡蛋贵很多呢？

很多人认为，红皮鸡蛋好看，所以人们愿意出比白皮鸡蛋高的价格来购买。用经济学家的话来讲，是"消费者偏好"在起作用。事实真是这样吗？如果真的这样，卖家就更愿意提供红皮鸡蛋了，但是事实却并非如此，红皮鸡蛋和白皮鸡蛋在市场上的供应量几乎是等同的。

消费者偏好：指消费者对某种商品的喜好程度，消费者根据自己个人的需要、兴趣和嗜好对该商品的偏好程度，喜欢某种商品就会购买更多，不喜欢就会购买更少，或者根本不去购买的现象。

其中有一个问题需要解释，那就是鸡蛋皮的颜色为什么会有红白之分。专家认为，这主要是由于鸡种和鸡饲料不同而造成的。一般来说，生产白皮鸡蛋的母鸡要比生产红皮鸡蛋的母鸡个头小。很明显，生产红皮鸡蛋的母鸡需要更多的饲料喂养，也就是说要投入更大的成本，但是其产量又不会比白皮鸡蛋高，所以红皮鸡蛋的价格就高一点。这是其中原因之一，但同时也要考虑到另一个原因，那就是很多人在不知道白皮鸡蛋营养更高的情况下，就是更喜欢红皮鸡蛋，更偏好于购买红皮鸡蛋，所以市场上就出现了红皮鸡蛋比白皮鸡蛋价格更高的现象，但是也不会高太多。

为什么LV包在中国成为"一次性"消费品

据CCTV-2台《今日观察》报道：中国现在已经成为了世界上第二大奢侈品消费国，中国奢侈品的消费总额占到了全球问题的27.5%。预计再过五年，中国将会占据全球奢侈品消费市场的首位，成为当之无愧的消费品大国。

实际上，我们在日常生活中也经常会看到很多人手里拿着LV、香奈尔、迪奥、阿玛尼等世界顶级品牌包。这些世界顶级名牌包在国内的专卖店里，每个最少售价都要5000多元人民币，但是却非常受人推崇。很多人之所以如此痴迷于购买奢侈品，是因为这是品位、时尚、身份与实力的代表，不是一般人能够拥有的！

然而当LV、GUCCI、DIOR等众多世界顶级品牌纷纷登陆中国，当这些顶级品牌的专卖店如雨后春笋一般纷纷展现后，一个尴尬而又无奈的事实也给这些顶级品牌的消费者带来困惑：花几万、几十万元购买的奢侈品包包，却是难清洗、难维修的"一次性"商品。

我们都知道再贵重的箱包在使用一段时间后，也会沾染灰尘污垢、出现污渍这样的小问题，脏了自然就要清洗，既然是奢侈品箱包，清洗当然不能马虎，按照谁销售谁负责的原则，这样的差事，理应由品牌专卖店来处理。但是记者调查后得到的答复，却足以提醒想买这些品牌箱包的消费者，奢侈箱包真的只能是奢侈一次，跟餐馆里的筷子一样是一次性消费品。

成都市西武商城LV专柜销售人员明确表示，无论售出的LV包是皮质包还是帆布包，只提供维修服务，均不提供清洗服务。"拿去干洗店清洗也不行，"这位销售人员说，"有的干洗店可能给您洗得很干净，但之后脏得更快。LV的很多包在国内都是清洗不了的，脏了就没有办法了。"

其实不仅LV，甚至GUCCI、DIOR等奢侈品牌在中国大陆甚至都还没有设立清洗机构。如果消费者使用的奢侈品包坏掉了需要维修，销售人员会劝说重新再买一个，因为维修一次的费用相当于再买3个新包的价格。

小李在北京旅游时购买的一款LV包，使用不到一年就出现色差，需要补色，她马上与北京专柜联系，对方称，可以凭联保卡做售后服务，但不能免费保修，因为这款包已经超过了LV在中国大陆规定的保修期，所以维修费用要由消费者自己来负担。专柜的人员告诉小李，如果LV包寄回法国维修，就要横跨欧亚大陆，除了要承担维修费，还得自付邮费和出入关税。她算了一下，修一次包的钱足够买3个新包的了，因此只能取消了这个打算。

实际上很多人的品牌包坏了或者脏了之后，就都成了一次性消费品，再也没有用过。因为不仅清洗困难，而且即使是换个配件，耗时差不多要一年之久。

据报道，新浪尚品频道近期对1000多位拥有"1个以上"奢侈品手袋的消费者进行了调查，其中七成受访者认为奢侈品手袋应"免费清洗"，近八成的受访者认为奢侈品牌的全球门店应该统一其售后服务，而不应该因购买地的不同而实行双重标准、区别对待；有五成的人认为奢侈品应终身保修，也有四成多的受访者认为，即使做不到"终身"，奢侈品也应比大众品牌的保修时间更长久……

然而这一切都是人们美好的幻想，这些品牌箱包在中国依然没有售后服务店。很多人的名牌箱包也最终只能沦为一次性消费品，因为这种奢侈品本来就是用来炫耀的，但是脏了自己洗过之后就变样了，而坏了当然就不能再炫耀了。而清洗一下、修一下花费的钱都够买三个新品牌包的了。从成本与收益上来看，根本不可能选择清洗或者维修，而如果再买一个成本也很大，对有些人来说并不能承担得起。因此，在中国有很多名牌箱包只好从奢侈品沦为"一次性"消费品。

史上最牛规则"图书限价令"的发布应该吗

2010年1月8日，中国出版工作者协会等3家协会联合发布了"图书限价令"（全称为《图书公平交易规则》），该《规则》对出版一年内的新书零售价做了强制性规定：进入零售市场时，须按图书标定的价格销售，不得打折销售。

现在折扣最多的图书大都是网上书店的定价，这个规则很明显是为了限制网上书店而制定的。但是自规则公布以来遵循规则而行的网上书店寥寥无几，由此，"限价令"被部分业内人士称为"聋子的耳朵"。

著名出版人王振羽认为，图书市场的现状确实比较混乱，由于受到新兴销售模式的冲击，图书市场的价格的确出现了一种混乱状态。《图书公平交易规则》的出发点是想解决图书市场价格混乱的现状，可以说"设想是美好的"，但是从纸质图书市场现状来看，它的占有率日渐走低，而纸质图书市场的决定性因素就是价格。如果全部限价限折，那么纸质图书对读者的吸引力将大打折扣，纸质图书产业的发展形势也就更加严峻了。因此"限价令"的执行根本无力。

王振羽分析说，网店从进货渠道到销售方式都比实体书店有优势，而且几乎没有库存压力。也就是说网上书店的成本要比实体书店少很多。成本低，自然就能够相应降低价格，也就能够更好地招徕顾客。而实体书店因为成本高，所以就不能像网上书店一样打更多的折扣，自然就会在市场竞争中落败。实体店的价格大多数是很高的，基本上按定价或者最多也不过是8折出售，而网店的折扣最低都是8折。所以，实体书店在价格竞争上根本不是网店的对手。对于新书来说，价格存在差异是很有利于市场竞争的。实体书店必然不能与那些没有店面成本，而且还送货上门的网络书店相竞争。

图书市场现在并不是一个垄断性市场，而且可以说是一个完全自由竞争的市场，只要你能够获得营业资格证就可以很容易地进入市场，并参与竞争。所以根本不存在垄断现象。"限价令"的出台是为了限制网店打折，但这是违反了市场规律的，是不应该的。网店的折扣是一种正当的竞争手段，因此，它的出台并没有得到多少网店的响应，而且也因为不具有强制性，便成了"聋子的耳朵"。

对于"图书限价限折令"的执行，有机构在网上做了一个随机调查，在接受调查的网友中80%认为"图书限价限折令"执行操作性较低，而在"为何难执行"的原因一栏，超过半数的网友选择了"不遵循市场规律及供求关系"。而在凤凰网对于"限价令"的调查结果中，记者发现对于"新书网售不得低于8.5折，谁最受影响？"这个问题，有近8成的网友选择了"广大读者"。

总之，实体书店之所以不能与网上书店竞争，主要是因为其成本太高，而且自己又想赚取更多的利润，致使自己出售的图书价格大大高于网络书店，因此必然会在竞争中落败，也必然会导致大量利润的消失。但是实体书店的做法并不是通过降低自己的成本，从而降低价格来使自己能够与网络书店进行竞争，而是想要通过法规来限制网上书店的新书价格，这种违背市场规律的做法自然不会得到消费者的拥护。

为什么黄金时段的电视广告会拍出天价

随着电视媒体走进千家万户的，还有广告，人们虽然不喜欢看广告，但却也逃脱不开，因为广告收入是传媒行业生存和发展的支柱。近年来，随着电视剧、综艺节目的热播，电视广告的价格也不断攀升，甚至诞生了黄金时段的天价广告。

欧派集团曾以数千万元的高价成功竞标央视一套《新闻联播》后7.5秒的黄金时段广告，而且是在欧派集团全面缩减广告开支的情况下。相信没有一个企业会做赔本的买卖，欧派集团的天价广告费一定物超所值，欧派集团竞标天价广告旨在借广告宣传的强势，树立欧派家居领导品牌的形象。

欧派领头人姚良松表示，欧派再次竞标央视黄金时段的广告是因为公司启动了品牌营销的策略，是顺应"天时、地利、人和"的。接着，姚总分析道，今年下半年起，国内家居市场形势回暖，2010年有望迎来全面复苏，为欧派宣传品牌提供了良机，此乃"天时"；而与央视的多年合作令欧派深谙央视的风格与合作模式，此乃"地利"；在2010年2亿多的广告投入中，有1亿来自欧派的全国经销商，充分表明强大的树根体系对欧派集团的支持与信心，此乃"人和"。

有专家表示，此次欧派竞标成功，拉开了集团"第一品牌"攻略的序幕，欧派投入2亿的广告费用，标志着"大传播、大效果"的品牌营销策略启动，也预示了国内橱柜行业品牌营销"亿时代"的到来，此举必将进一步巩固与提高欧派的品牌影响力，实现差异化品牌传播。

欧派集团投入了如此巨大的广告资金只是为了树立公司的品牌形象吗？当然这是一方面的原因，但是树立品牌形象的真正原因何在呢？非常明显，所有的商家所做的任何投资都是为了使自己的利益达到最大化，都是希望在投入成本之后获得更高的收益。欧派集团之所以花费这么多的资金在央视黄金时段播出广告，主要是为了使自己的商品能够让广大消费者熟知，然后在消费者需要购买家具时首先想到的就是该集团的产品。他们投入的大量广告成本也就会在广告效应之下得以收回，而且从他们一直在大力做广告的行为可以得出他们的天价广告投入给自己带来的收益一定是大于成本的。

实际上，在央视黄金时段打广告的商家其前后收益对比都是非常明显的，几乎所有的商家在广告播出之后的收益要比之前大得多。所以自1994年以来，谭希松出掌中央电视台广告信息部后，她就使出了一记绝招：把中央电视台的黄金广告时段拿出来，进行全国招标，她并且给投标金额最高的企业准备了一顶"金光四射"的桂冠："标王"。

同年11月8日，山东秦池酒厂的厂长姬长孔带着去年一年秦池酒厂的所有利税之和以及3000万元来到梅地亚进行招标，最后以6666万元竞得"标王"，高出第二位将近300万元！当时人们并不知道这样一个名不见经传的小酒厂，但是在竞得"标王"之后，一日之间暴得大名，而秦池酒厂也因为在CCTV黄金时段的广告而闻名全国。根据1996年秦池对外通报的数据，当年度企业实现销售收入9.8亿元，利税2.2亿元，增长五到六倍。

商家永远是追求利益的，所以他们做什么事情都首先要考量成本与收益的问题。只有在收益大于成本时，他们才会做出行动。因此，黄金时段的广告虽是天价，但是如果运作得法，其收益却远远大于成本，所以他们便不惜重金地去夺标了。

为什么到药店买药，店员总是给你推荐你不想买的药呢

几乎所有人都有过如下的遭遇：偶尔得了一个小感冒，自己去药店买以前感冒时一直吃的药，结果却遇到店员十分热情的推荐。店员执著地要帮自己"拿主意"，十分热情地追着顾客推荐药品。于是，本来只想买某种药就走人，可是最后却在药店店员的影响下，花了很多的钱买了自己听都没有听说过的感冒药。

很多人反映过这一问题，北京的《京华时报》某记者对此进行了暗访，发现京城多家药店，几乎所有的品牌药都不受店员青睐，反倒是一

些名不见经传的小厂药频频被推荐。记者在调查中发现，一旦消费者提出买药，药店店员就会热情推荐，而推荐的要么就是价格更高的药品，要么就是不知名厂家的药品，有的甚至转而推销保健食品。记者在百世德平价药房表示想买咳嗽药，店员在问清"有没有痰"后，马上拿出一盒标价25元的咽炎片和一盒标价24.8元的止咳药说："你这是咽炎引起的咳嗽，这两种药一起吃肯定管用。"在朱鹤堂药房，记者以同样的症状诉求买药，药店店员迅速拿出一标价25.8元的强力枇杷露。当记者表示想买一个熟悉品牌标价10多元的止咳药，店员则表示这个药"效果不好"。记者的调查再一次证实，除了高价药品，不知名厂家的药品是店员极力要推荐的。当记者表示有些药品的生产商自己都没听过时，店员都会不约而同地驳斥记者："大药厂的药品有知名度还不是全靠做广告，广告费加入药价，价格肯定贵。不做广告的药厂比较低调，但药品好。"

事实果真如此吗？当然不是，品牌药之所以受欢迎，长期受消费者信赖，最主要还是因为其质量好，经得起考验。它们一直能够销售得很好，当然这与他们花费的广告费用巨大有关，但是如果质量不好，花费再多的广告也不可能得到消费者的长期支持。既然如此，那店员为什么还要推销那些不出名的药呢？这就涉及到一个成本与收益的问题了。

北京金象连锁大药房董事长徐军曾表示，品牌药毛利润低，但话语权却大得很，折扣很少有优惠，又经常被药店用来打平价，所以一般都是药店里不赚钱的产品。此前有媒体报道，据一位医药代表透露，目前有些药店将药品分为A、B、C、D四个类别。A类为自己代理的品牌或者贴牌品种(即从小厂家进货贴上自己的牌子)，这种药品利润达70%到80%。B类为普通品牌，利润在60%左右。C类药品的利润也在40%以上，D

类品牌药利润最薄。药店对店员的考核以卖了多少A类药为主，要求顾客来时店员必须先推荐A类药。除非顾客点名要哪种药，否则不主张卖其他品种。而一些不知名的药品为了销售产品便与药店挂钩，让药店来给自己进行推销，从而能够将药品卖出去，以求获得更多的利润。而药店想要把一些不知名的药卖出去，当然就需要店员来进行推销了。店员自然也会从中获利，所以消费者就会遇到店员格外热情为自己服务的情况。

毋庸置疑，药店之所以这样做当然也是成本与收益的考量。品牌药给药店带来的利润如此之低，自然不能满足其成本投入之后的期望，所以就会大力引进A、B、C三类药品。而店员因为自己的绩效考核主要是以利润高的药品为主，所以也就会大力向消费者推销此类药品，结果自然也就会出现去药店买药通常会受到热情的服务，但同时却被推荐买一些不知名的药品的服务。

医药专家指出，买这类药品时，千万要考虑清楚，不要因为买了质量不好的药而导致自己多吃了药还没有把病治好的现象。这样对自己来说也是一种投入了巨大的成本却没有得到相当收益的不划算的市场行为。

为什么有些商品会低于成本价甩卖

2010年7月14日的《成都商报》报道：昨日，苏宁与惠而浦、美的、海信、海尔、三星等知名品牌合作，正式启动夏季空调特卖活动——"七月空调降价风暴",以直接降价这种最简单的形式大额让利。苏宁方面表示,在降价风暴期间,各大品牌的空调都会给出七八折的惊人折扣。据悉,苏宁从惠而浦、长虹、奥克斯、海信等品牌采购的专项定制空调,已在苏宁旗下各门店集中入市,这批产品全部为低碳节能空调,涵盖1P~3P主流型号段,其中1P空调价格跌破1600元,1.5P空调跌破1800元,2P空调重新回到3000元关口之内。

苏宁空调降价风暴开展之后,各大品牌空调也都争相给出七八折的惊人折扣。其实苏宁不仅对空调进行打折,早在此前一周,苏宁便携手国内外主流手机厂商启动首届智能手机节,大力展开打折销售活动,在全国数千家门店中开展智能手机普及风暴,智能手机销量突破10万台。此次活动,诺基亚、苹果、三星等厂家鼎力助阵,携手苏宁加速智能手机普及进程。为保障此次手机节顺利开展,苏宁与几大厂家签署大单集采协议,在三季度集中采购智能手机100万台,涵盖800元~5000元各价位段主流机型。

据了解,此次活动苏宁优选出各智能平台的主打机型,搭配礼品买赠、价格直降等方式让利消费者。其中基于Android平台的3G手机多普达A3288上市之初就以高配置低价格比被消费者追捧,被称为"最佳性价比Gphone",此款手机在苏宁直降400元;基于Symbian S60系统的诺基亚N97mini导航版则直降500元;基于三星最新研发的Bada系统S8500具有独家Super AMOLED超炫屏、720P高清摄录,购买者可获赠精美蓝牙耳机;苏宁独家首销的黑莓8910手机,消费者可获得价值500元的尊享商务礼盒。中国联通首批千元智能终端之一的索爱M1i仅售1880元,参加联通相应套餐计划还可"0元购机"。

有业内人士称,苏宁这两次的促销活动中很多商品是低于成本价甩卖的。众所周知，商家无论做什么活动都是为了使自己的收益大于成本，都是为了赚取一定的利润。如果商品的价格低于成本价出售，自然不仅不会有利可图，而且是绝对亏本的行为。那么商家为什么还要做出这种费力不讨好的行为呢？

其实诸如苏宁电器这类的降价行为并没有违背其成本一定要少于收益的利润考量。因为苏宁打折打到成本价以下的商品只是"有些"，也就是说只是众多商品中的一些，占其总量的很少一部分。从总的商品销售量上来看，这些打折的商品只占其很微小的一部分。而其他商品仍然是能够赚取大量利润的。从总的收益来说，这些商品虽然低于成本价甩卖，但是却不影响企业赢利。

那么既然这些打折到成本价以下的商品不能给企业带来利润，为什么商家还要"亏本让利"呢？其实这是一种营销手段，商家往往会因此而打出一个亏本甩卖、让利大酬宾的旗号来招徕消费者。很明显，那些打折到成本价以下的商品往往都是低等的商品，购买的人并不多，人们虽然是冲着"亏本让利"而来，但是却不会因此而购买自己不需要的低端商品，而是会去购买那些打了比较大的折扣，但商家还能够从中获利的并且是自己必需的产品。由此可见，有一些商品的价格低于成本价不是商家想做慈善，而是因为商家可以通过这种方式来吸引顾客，从总成本与总收益来计算，商家还是能够赚取大于成本的利润的。

当然，有一些商品低于成本价甩卖则是因为其时效性太强，比如一些水果，如香蕉，在某个时间段内如果不卖掉，就只能坏掉，这时为了使自己的成本不至于完全无法收回，一些商家也会选择低于成本价甩卖。而这就是另一种情况了，与苏宁电器等商家的这种行为又是基于不同的成本与收益考虑的结果了。

📶 为什么有的出租车司机会拒载乘客

2010年7月15日，昆明市居民刘新和朋友在"世纪城"商场附近上了一辆车牌为云ＡＴ2180的出租车，司机主动问他们到哪儿？当他们说"新亚洲体育城"时，司机王某却以"只进主城，不跑郊区"为由拒载。面对这样的"规矩"，刘新和朋友只好无奈地下车换乘。刘新越想越生气，就拨打了出租车主管部门的投诉电话，不料，投诉电话10余分钟也"打不通"。最后他拨打了昆明市长热线12345反映了此情况。26日下午，刘新接到了昆明出租汽车管理处投诉科工作人员的电话，对方告知他拒载司机的投诉处理情况是："我们已吊销了出租车司机的客运资格证，且该驾驶员5年内不得重新申办。"

其实，像刘新一样遭拒载的乘客还有许多，但大家都不想找麻烦，所以大多选择沉默而不是投诉。"如果出租车只跑主城，不跑郊区，那想打车去郊区的人怎么办？"刘新就是因为这个原因才投诉的。实际上，一些出租车司机往往在营运时就预先自己制定了"行车路线"，对于"不顺路"的乘客就找"家里有事、要交班、不认识路"等理由拒载。

《昆明市客运出租汽车管理条例规定》说：客运出租汽车驾驶员从事营运活动时，不得拒载。主要表现在以下几方面：客运出租汽车上路行驶或者停在机场、车站、码头、宾馆、饭店、风景名胜区等公共场所、居住小区及其他客运集散地待租时，属于从事营运活动。客运出租汽车遇乘客招呼停车后不载客、在营运场站不服从调派、待租时拒绝运送乘客的，属于拒载行为。

从刘新的例子可以看出，出租车司机随意拒载乘客是有风险的，也就是说，这种行为是有很大的潜在高成本的。昆明出租汽车管理处有关负责人表示，对出租车司机拒载的处罚，要根据具体情况而定。出租车司机拒载行为确定后可依法视情况而定作出500元至1000元的罚款。最严重的是吊销客运资格证的行政处罚，且5年内不得重新申办新证。如果吊销了出租车司机的客运资格证，就意味着5年内该司机不可以在昆明城区从事出租车行业。换句话说，也就等于给出租车司机"判了5年的有期徒刑"。

其他城市也对拒载行为制定了相关的处罚。浙江宁波早在2009年出台政策，规定"的哥的姐"只要在一年内累计拒载两次，就有可能"丢饭碗"，适用于包括拒绝为老弱病残服务、主动揽客后又拒绝载客等7种拒载行为。

然而宁波的一位的姐网友却在当地论坛发帖"拒载有理"，对议论拒载的朋友们说，其实出租车司机真的是很无奈。她还算了一笔账：高峰期从天一广场到望春一共四公里多点路，打表才十几元，路上堵车要40分钟左右，现在天热要打空调，光油费就要六七元，出租车白班的承包费是180元/天，一天一般开9个小时，也就是每小时20元，这样算来这笔生意是要亏本了。她还控诉："黑车明目张胆地做生意(有心人可以去南站、客运中心看看有多少人在拉客)，工作人员就在旁边，那个时候他们为我们做了什么？我们出租车的利益在哪里？保障在哪里？"

按照她的说法好像拒载也是有道理的，可是拒载却会遭到很严厉的处罚。既然如此，为什么还有那么多的司机拒载乘客呢？其实道理也是非常简单的，司机拒载当然是出于成本与收益的考虑了。去一个人烟稀少的地方可能得空车回来，肯定是不划算，而在高峰期去一个这种地方还要经过堵车的地区，需要付出的成本就要更大一些了。出租车司机当然不愿意做亏本的生意了，因此拒载的行为虽然不合情，但却是非常"合理"的。

▥ 为什么超市中常有促销员向消费者发放免费品尝的食品

超市本是购物场所，可是有时候却成了一些人的免费吃喝场所，尤其是超市内免费品尝食品及散装食品更是吸引了众多"蹭吃族"，大多数超市表示对蹭吃者"既恨又爱"。55岁的李先生的专职任务就是带刚满一岁的小孙子每天去附近的某大型超市，那里不仅冬暖夏凉，最重要的是，可以"免费吃喝"。最让李先生开心的是周末或节假日。因为这时都会有促销活动，各种各样的饼干、面包、饺子都会被切成小块，让人免费品尝，李先生几乎都会一个不落地尝一尝；如果渴了，还会品尝到多种饮料、咖啡。逛一圈下来，吃饱喝足不成问题，而且还不用花一分钱。

据了解，像李先生这样在超市蹭吃蹭喝的人不在少数。郑州市紫荆山路上某超市一名员工说，很多带包装的糖果、面包是不让品尝的。

"但很多时候根本看不住。即使设了一些'谢绝品尝'的牌子，仍挡不住那些不自觉的顾客。"有时候，他们看见有顾客在偷吃也会劝阻，可顾客反而理直气壮地说："不尝尝咋知道味道？"其实在大型超市中蹭吃者都不在少数，各超市的散卖食品区和水果区是顾客"品尝"的重灾区，蹭吃者大都是老年人和带孩子的中年人。甚至有很多像李先生那样的"惯犯"。郑州市某大型超市的一名工作人员说，下午6点购物人最多的时候，经常会有3个60岁左右的老太太出现，她们每次来，都会在熟食区逛游，趁工作人员不注意，就会偷偷地往嘴里塞上一口。而且，她们每天最少尝一次，但从没买过。后来干脆就不避讳了，当着工作人员的面直接品尝。

"其实，在某种程度上，蹭吃者给超市增加了人气。"郑州市某超市工作人员李女士表示，但过多的蹭吃者又让他们接受不了。那么既然如此，超市为什么还要对一些食品提供免费品尝呢？

俗话说："先尝后买，知道好歹。"对于这些食品来说，如果不让消费者品尝一下，是很难让人信服是否如宣传的那样好的。而如果这样，很多消费者就不会去购买。因此免费品尝的确很受消费者欢迎。而且正如前面的工作人员所说，这些蹭吃的人给超市增加了人气，会给消费者一种印象：那些食品有那么多人在品尝，肯定是很好的，也就会去品尝并且购买，毕竟光吃不买的人还是占少数的。总之，蹭吃一族的行为的确对超市来说是成本大于收益的。但是如果因此而不让消费者免费品尝，就会有很多人根本不去看这些商品，也就更不用说购买了。而且，完全不让消费者品尝也是不近人情的，但对于这种不善意的"品尝"也没有有效的制止办法。

"吃多吃少凭自觉，这是个人素质问题"。"超市只有'谢绝品尝'的牌子，却没有'可品尝'字样，建议超市可考虑增设可品尝区。"市民崔先生说，超市里有些散装食品可以品尝，有些却不可以，但超市并未完全把这些分开，所以有些人就趁机占便宜。超市完全可以把可供消费者品尝的食品与不让品尝的食品分开，并注明"可品尝"的字样。但是超市肯定综合考虑蹭吃行为给自己带来的成本与收益了，依然坚持这样做，当然是因为给它带来的收益大于成本了。

为什么几乎没有客人光顾，有些小餐饮还是照常营业呢

　　我们每个人都应该遇到过这样一种现象：在午餐的时候，走进一家餐馆吃饭时，却发现这家餐馆的生意很冷清，没有几个人。这几个顾客的收入不可能收回餐馆的经营成本。那么为什么老板还是要营业呢？

　　其实老板这样做也是基于成本与收益考虑的，因为对于餐饮老板来说，无论他营业与否，有一些成本是必须要支付的，这些固定成本包括：租金、厨房设备、桌子、盘子等等。在午餐时，如果老板觉得人少就停止营业，这些成本并不会减少。换句话说，这些成本属于沉没成本。所谓沉没成本是指，当成本已经发生并且无法收回时，这种成本就是沉没成本。如果企业不能通过停业生产与营业来收回固定成本，这种成本在这一段时间内就被称为沉没成本。

　　沉没成本对企业与个人的经济决策有着很大的影响。它经常会影响人们做出不利于自己的决策。之所以出现不理性的决策行为，是因为人

们受到了沉没成本误区的影响：人们在决定是否去做一件事情的时候，不仅是看这件事情对自己有没有好处，而且也看过去是不是已经在这件事情上面有过投入。这些已经发生不可以收回的支出，如时间、金钱、精力等都是人们已经付出的沉没成本。

在现实生活中，一些与经济行为看似无关的事情，有时也会考虑到沉没成本的问题。比如有人乘船从海上经过，突然刮了一阵风，把他的帽子吹到海里去了。这个人却像没有事情发生一样，仍然在那里低着头看报纸。有人就提醒他说："先生，您的帽子被风吹到海里去了。"那位先生说："是呀，我知道它被风吹到海里去了。"说完继续看他的报纸。提醒他的人很惊讶地问："你的帽子可是新买的，据我所知要值好几十美元吧？怎么你好像一点也不心疼啊？"那位先生说："我怎么能不心疼呢？我只是在想，应该怎样省钱再买顶新的。帽子丢了是心疼，可是心疼也不能把帽子找回来，不如想办法再买顶新的好。"这个人也是在无形中运用了将沉没成本不予考虑的思考方式，而另一个人则还在考虑沉没成本。

因此，餐馆老板决定要不要营业，不是考虑其固定成本的多少，因为固定成本在此时已经变成了沉没成本。餐馆老板考虑的是可变成本——增加的食物价格和增加的店员工资。如果可变成本带来的收益大，老板就要营业；而如果从顾客那里得到的收入少到不能弥补餐馆的可变成本，那时老板才会在生意清冷的中午时关门歇业。

为什么有人宁可支付违约金，也不履行合同

　　在深圳市南山区一直租房居住的李某很想拥有一套属于自己的住房，2007年后他一直在等待房价下跌，但是没想到房价越涨越高。越来越心急的他终于按捺不住了，2010年3月，在与家人商量后决定下手购买一套小户型作为过渡，以后有能力时再换大面积的房子。经多方考察，他选中了南山区的一套40多平方米的一房一厅，在某中介公司的撮合下，与业主王某签订了《房地产买卖合同》，约定李某以74万元价款购买该物业，合同对定金、首期款交付、按揭手续办理、赎楼手续办理、违约责任等作了详细约定。

　　孰料，李某刚交完定金几天后，国务院就出台政策调控房价，一些预测房价将大幅度下调的言论纷纷见诸报刊、电视，李某身边的亲戚朋友也劝告李某别再买房了，等一段时间再说。李某越想越觉得自己买亏了，便不再按合同约定支付首期款、办理银行按揭申请手续，业主及中介公司多次催促后仍"按兵不动"。王某遂诉至法院要求判决李某依约支付违约金，法院认为李某行为已构成根本违约，遂判决李某向王某支付违约金。而李某也答应，愿意支付违约金，但是坚决不履行买房合同。

　　其实像这种宁可交付违约金也不履行合同的事情是很多的。同样是在深圳，同样是因为房子问题，家住福田的陈某对投资豪宅深有心得，

他在购入豪宅后并不会马上出手，因为这样扣除佣金、税费、人工成本后净赚的钱往往不多，他会再投几十万元对豪宅进行包装，等半年甚至更长时间后再放盘，主要卖给那些工作忙、没时间装修的高端客户，卖的价钱都不错，有时一套就能赚上100多万元。

2009年年底，炒房高手陈某将一套豪宅出手后，本想观察一段时间再入手，但是几个月后他发现市场依然火爆，房价还要继续上涨，生怕错失良机，于是决定"补仓"。经考察，他选中了香蜜湖片区的一套大面积复式房，并于2010年4月初与业主廖某签订了《房地产转让合约》，约定转让价为800多万元，这在当时比市场价低了近百万元，陈某为此欢喜了几天，开始盘算着收房之后如何装修包装再出手。不成想等他交完定金30万元、首期款170万元后，"国十条"就出台了。陈某断然决定违约，他觉得自己最多的损失就是30万元定金被业主没收，也好过将来被长期套牢。

2010年7月2日的《深圳商报》报道说：今年4月份以来，国家对房地产市场调控重拳出击之后，这些措施使深圳市的房价结束了继续上涨的势头，部分楼盘的价格开始回调，与此同时，也使众多买家在交易中违约，进而诉讼到法庭。广东中安律师事务所律师钟胜荣说，他已经接受了地产中介公司和有关客户30多宗关于买家违约不买如何处理的咨询，目前已代理几宗卖家起诉违约买家的案件，案件已进入诉讼程序，法院已对个别案件作出了买家须支付违约金的判决。

为什么这么多人会违约呢，难道他们不在乎自己付出的定金吗？当然不是，没有谁不在乎自己的财产，更何况这些定金也不是几千几百的小数目。那为什么还是有这么多人宁可违约也不履行合同呢？而且这种现象不仅出现在房产界，在其他行业中也会出现有人宁愿违约也不愿意履行合同的事情发生。难道这些人不理性了吗？实际上，他们选择这样正是基于一种成本与收益的理性思考，在通过权衡利弊之后得出了正确的最利于自己的选择——交付违约金。

因为无论如何，定金是一定要出的了，如果履行合同，定金也会从交易金额里扣，而如果不履行合同定金也会扣除，总之，这些定金已经可以说是成本中的沉没成本了，也就是说不可能收回了。而如果为了不使定金打水漂而履行合同则无异于为沉没成本投入了更多的成本，这种行为是愚蠢的，也是不划算的。因此，当履行合同的损失比定金还要大时，聪明的人便选择违约，而不是履行合同。

为什么人们宁愿私了，而不愿意用法律手段维护自己的权益

当你在街上大声唱歌的时候，你会影响了他人；当你随地扔垃圾的时候，你也会影响到他人；而当你在公共场合抽烟时，你更会影响到他人。当然，唱歌的人目的不是为了影响别人，而是自己喜欢，扔垃圾的人也不是为了影响别人，而是为了自己的整洁，抽烟的人也不是为了给别人二手烟抽，而是因为自己有烟瘾。这些行为没有故意对他人进行不利影响的目的，可是却影响到了他人的权利。这就是负外部性。负外部性实际上就是侵犯了他人的权利。如果一个人的权利被侵犯了，当然他会进行维护，如果受到损害，他会索取赔偿，这就会涉及到法律诉讼。

但是很多情况下，正如我们所知的，很多人并不会为此而大动干戈，不会吵闹上法庭，而是选择私了。为什么人们愿意在遇到自己的权利被侵害的事情时选择私了呢？

众所周知，如果要闹到法庭上去，是要花钱的，诉讼费、律师费、时间成本……有些官司的赔付金额都不如自己所花的律师费多。

2005年11月29日的《郑州时讯》报道，郑州市民兰先生将郑州公共交通总公司告上了法庭。起因是11月19日上午，兰先生乘坐K906空调公交车时，发现车上没有开空调，但是却收了两元的票钱。按照规定，不开空调时，只能收1元车费。当天晴间多云，郑州地区最高温度12℃至14℃，最低温度4℃左右。兰先生问："为啥不开空调？"司机回答说："水管没接上，天不太冷，还不到开空调的时候。""那为啥还收2元钱？""这是公司规定的。""我既然掏了2元钱，你的空调公交车为啥不开空调，这属于违约行为。"为此，郑州市民兰先生将郑州市公共交通总公司告了，要求该公司退还多收的1元"空调费"以及因此事而多花的5元交通费。11月28日，郑州金水区人民法院正式受理此案。

上述案件无论胜败，从经济学的角度来说都是亏本的。因为胜诉之后的诉讼费虽然由被告承担，但是自己的律师费、误工费等等的付出肯定要大于官司胜诉之后的赔偿。当然这两个人打官司并不是为了获得赔偿，而是为了讨回一个公道。但是大多数人并不愿意打官司，而是愿意私了。这并不是说他们不想讨回公道，而是因为他们讨回公道的目的更主要的是得到权利被损害的赔偿。而如果提起诉讼，胜诉了还要付律师费，自己也会有误工费，付出的成本大于收益。从经济学上来说，这种人与人之间关系的成本付出叫做交易成本。所谓交易成本是指在一定的社会关系中，人们自愿交往、彼此合作，达成交易所支付的成本，也就是人与人之间的关系成本。从本质上说，只要有人类交往互换活动，就会有交易成本。经济学角度分析，人都是理性的，打官司也是为了维护自己的利益，如果官司打赢了，自己的利益却受到了损害，那就不如不打，而是选择私了。正如提出交易成本概论的经济学家所说的那样：私人经济主体可以解决他们之间的问题。无论最初的权利如何分配，有关各方面总可以达成一种协议，在这种协议中，每个人的状况都可以变好，而且结果是有效率的。这也是为什么很多人都会选择私了，这也是为什么法庭会询问纠纷双方是否要进行庭外和解的原因。

当成本大于收益时，从理性的角度分析，人们就会选择私了，而不是去通过法律或者其他的手段解决问题。但是有时候私了并不能了则是因为在私了的过程中需要支付的费用要比双方得到的收益大。总之人与人之间会产生一些纠纷，为了解决这些纠纷，人们要付出一定的交易成本。

交易成本：又称交易费用，是由诺贝尔经济学奖得主科斯提出，交易成本理论的根本论点在于对企业的本质加以解释。由于经济体系中企业的专业分工与市场价格机能之运作，产生了专业分工的现象；但是使用市场的价格机能的成本相对偏高，而形成企业机制，它是人类追求经济效率所形成的组织体。由于交易成本泛指所有为促成交易发生而形成的成本，因此很难进行明确的界定与列举，不同的交易往往就涉及不同种类的交易成本。

你以为生命真的是无价吗

生命有没有价格？如果有的话，那么，一条命值多少钱？当我们试图以金钱或者物质价值来衡量一个人的生命时，往往会受到鄙视。因为人的生命是无价的，无法用金钱来衡量。人们的生命权是至高无上的权利，对个人来说，生命最宝贵。因此，生命无价，试图以金钱来给生命定价是不可能的，也是不人道的。

但是，在某些情况下，我们确实需要考虑这样的问题。举个常见的例子，现实生活中，我们观看新闻时经常会看到煤矿事故。如果说生命无价，那么，对于遇难的矿工，是否应该支付经济上的赔偿？就笔者的生活经验来看，许多人都认为要支付赔偿，而且，他们也很关注赔偿的金额。生命无价，但在这种情况下，人们并不介意给它贴上一个价格的标签。然而，在近些年发生的矿难中，同一起事故里，并非每个遇难的人都能获得一样的赔偿。而且，我们可以发现这样一个事实：拥有城里户口的遇难矿工往往能获得更高的赔偿。如果说，在这种不幸的事故中，我们可以接受给每个遇难的生命都贴上价格的标签，但我们却很难接受，给这些不幸的生命贴上了不同的价格标签。

其实在很多情况下，我们都给出了生命一定的价格，也就是认为一条命应该值多少钱。比如在我国频发的矿难中，矿工的命价便在不同时期有所不同：2004年以前，中国遇难矿工的赔偿金仅为几万元左右，

2004年山西率先提高了赔偿标准，但也仅为每名遇难矿工20万元左右，2009年9月8日河南平顶山矿难每人40万元的水平。2010年4月5日，美国西弗吉尼亚州一处煤矿发生爆炸，致使29名矿工遇难。事故发生之后，煤矿公司赔偿每人300万美元（两千多万人民币）+5年工资（一年5万多美元）+亲属保险（一辈子的保险，每年五千美元）+子女大学学费（一年学费两万到3万），总共357万美元（两千五百多万人民币）。即便如此，还是有人不愿意，一个遇难者的女儿还是不接受这个赔偿！她说："我的爸爸的命没有价格，Don Blankenship（煤矿公司老板）没有足够的钱赔偿我。"

我们总是说生命是无价的，事实也许并不如此。有很多时候，我们的一些经济行为无形中给出了生命的价值。比如，如果我们真的认为人的生命是无价的，那么为了减少交通事故造成的死亡，应该在所有的街角处都安装红绿灯或摄像头。但是事实上，并不是所有的十字路口都有红绿灯或摄像头。而且在这些地方，人们也不会像在交通繁忙的路上一样谦让，也不会像在绿灯亮起时一样抢着走过道路。之所以出现这种情况，也是因为人们觉得根本不值得这样去做。这些地方不值得去安装红绿灯，也不值得去等待。

其实这是一个经济学中的机会成本问题。虽然在这样的地方横穿马路是相当安全的，但是并不是绝对安全的，所以，在这种地方，选择不安装红绿灯，选择不进行等待，实际上都给出了生命一个机会成本价格——一旦出现事故之后所得到的赔偿价格。

我们总觉得生命是无价的，当然每个人都不会对自己的生命给出价格，毕竟谁也不敢肯定自己将来会创造多大的价值。但同时我们又在无形之中给了生命的价格，当生命突然失去时会有一定的价格赔偿，所以，真正细究起来，生命其实是有价格的，它的价格就是机会成本的价格，而不是所谓神圣而无价的。

为什么修理旧手机比买部新手机还要贵

1984年，世界上第一款商业手机在摩托罗拉公司诞生了。这个后来被我们称为"大哥大"的手机有半个大砖头大，重量在一斤以上，一块电池充电之后能维持三十分钟通话。尽管如此，有钱还是难求，公开价格在1.5万元~2万元，而实际上一般要花2.5万元才能买得到，其功能就是打电话，而且声音并不清晰。一位通信界人士保留了自己在杭州的手机话费清单：一部摩托罗拉9900模拟手机13000元，手机费、开户费、入网费共30000元，预存通话费2000元。

高昂的话费使手机在当时更多是身份和地位的象征，而"大哥大"称谓更形象地说出了手机消费的奢侈。如今，手机已成为中国百姓再平常不过的生活必需品。2003年10月，我国手机用户首次超过固定电话用户；2004年7月，手机用户数已超过3.1亿户，手机被列为最频繁使用的通讯工具之一。2012年，我国手机用户首次突破10亿户，中国成为世界手机用户第一大国。北京、上海、广州等地手机普及率高达60%~80%，这些城市的部分家庭，几乎每个成员都有自己的手机。现在只需花上几百元就可以买到一个小巧玲珑的，可打电话、发短信的小手机。如果肯花上千元，那就可买个有照相机功能，有MP3、MP4等功能的中高档手机了。

　　经常有人抱怨自己新买的手机又降价了，很多人说，现在手机的价格就像坐上了过山车，掉价的速度真的是让广大消费者来不及反应。一个新产品的开发需要很多的人力和物力，但是在不同阶段所花费的成本是不一样的。手机的价格包括硬件部分和软件部分，一部手机在制造初期，硬件价格应包含了硬件成本费用和设计费用。在上市初期，它无疑是最贵的。但是当销售了一段时间后，销量达到了一定的规模，当初的设计成本已收回，那么这时手机会来次大跳水，同时，新的机型又准备推出，这也可以解释为什么那些外形好看的手机即使功能平平也可以卖高价。因为它们的设计成本高，手机制造商在它们身上花了前期的投资，现在要收回来。而软件环节是最最重要的一环，一部手机的软件研究是单独进行的，当然这需要很高的成本，而这一切也都需要从手机的销售上收回成本。

　　我们发现，国外手机品牌价格往往很贵。为什么呢？首先是产品的品质问题。他们往往会在用什么材质，每个部件的选料这些环节上付出更多的成本。在产品外观做工上也会下更大的功夫。同时为了保证品牌在消费者心中的位置，高质量的售后也是必须的，费用也是更多。这些都需要在终端价格上有所体现。而且不可否认的是，品牌的附加值。虽然手机不像服装，牌子和价格有着紧密的关联。但二者也有一定的关系。谁让你选择了那个品牌呢？不过随着国产品牌质量的提高，自主研发实力的增强，产品在质量和性能上得到了很大的提升，价格却在不断下降，也使得外国品牌手机的价格不得不做出很大的下调，利润不断降低。

　　随着手机价格日益下跌，旧手机日益不值钱，这也造成旧手机面临一个尴尬现象：有时换零部件的钱比整部手机的市场价还高。现在修理手机动辄就要上百元，而旧手机折卖出去也就是这个价。新的手机又相当便宜，这样一个不大的落差价格，令人又喜又气。喜的是，手机价格越来越便宜了；气的是，手机价格跌维修价不跌，旧手机不值钱。这样的困惑确实存在于手机市场中。手机的维修价包括器件费、人工费、测试费，其中人工费根据不同的等级收取不同的费用，最高也达180元。而器件费更是名目繁多，大家所熟知的电池板、芯片等部件比较贵，但是一些小零件也不低，换个壳、翻盖、按键等也要几十元。但不少用户提出一个问题：手机价格在跌，旧手机日益不值钱，为何它的配件价格就不跌呢？对此，维修中心的工作人员解释道，手机更新速度快，很多旧手机已经停产，配件的日益紧俏是造成手机维修价格居高不下最重要的原因。目前手机行业确实已经像许多家电行业一样，遇到了不怕买不起就怕修不起的现象。

对于消费者来说，不断降低的零售价固然好，可越来越多的品牌和五花八门的功能，还有极其不靠谱的售后服务，让人顾虑重重，更多的人还是会去买知名品牌，毕竟那个质量比杂牌机强上百倍。在移动通信行业利润从各个环节缩减后，行业成本和消费价格进一步透明化，行业的暴利将不复存在。

第三章

两难的爸妈们——关于集体行动

为什么家长要让读小学的孩子考奥数、过四级、上特长班？

为什么国有企业垄断行业员工工资那么高？

为什么公共区域的垃圾没有人清理？

为什么企业间的价格联盟难以持久？

为什么人人痛恨"走后门"，自己有时却不得不"走后门"？

为什么人们愿意为电影票买单而不愿意花钱看烟花？

吸烟有害健康，为什么国家不禁绝香烟？

张德培为什么不会自己修剪草坪？

为什么说榜样的力量是无穷的？

　　人是自然人，但更是社会的人，每个人的行为不仅会受自己的思想决定，而且还会受社会的影响。而这时候，人的行为就会变成集体行为。集体行为是一种特殊的社会互动。在现代社会中，在某种特殊场合下会发生一种无规则的、以当时的场景为基础的互动现象，如时尚、赶时髦、骚动等。人们将这种缺乏组织的一群人受到某一因素的刺激或影响而形成的众多人的共同行为称为集体行为或集群行为，凡属社会互动过程中众多人的共同行为都是集体行为。

有这样一个故事，一位石油大亨到天堂去参加会议，一进会议室发现已经座无虚席，没有地方落座，于是他灵机一动，大喊了一声："地狱里发现石油了！"结果天堂里的石油大亨们一听就纷纷向地狱跑去，天堂里只剩下他了。这时，这位大亨心想，大家都跑了过去，莫非地狱里真的发现石油了？于是，他也急匆匆地向地狱跑去。

还有，在一群羊前面横放一根木棍，第一只羊跳了过去，第二只、第三只也会跟着跳过去；这时，把那根棍子撤走，后面的羊，走到这里，仍然像前面的羊一样，向上跳一下，尽管拦路的棍子已经不在了。人们这种没有主见、喜欢跟风的行为就是集体行动。

在现实生活中我们的很多行为都是跟风行为，都是一些没有主见的集体行为。但是有的时候，我们却发现这集体行为虽然没有主观意识，没有自己的主观原因，完全是受社会的影响，但是却也有着深层次的经济学原因的。比如以下的问题：为什么家长要让读小学的孩子考奥数、过四级、上特长班？为什么公共区域的垃圾没有人清理？为什么企业间的价格联盟难以持久？为什么人人痛恨"走后门"，自己有时却不得不"走后门"？这些行为如果只是用社会学的知识来解释，都可以归纳为从众心理，别人如何做，我们也如何做，别人不做的我也不去做。可是如果仔细思考一下，用经济学的思维来进行思考，也许并不是一种不理智的跟风行为，有些甚至是不得已的行为。比如送孩子去上特长班，也许不是因为攀比心理，不是因为别人孩子能有的，自己的孩子也能有，而是因为升学竞争压力太大的原因，是僧多粥少，只能付出更大的成本的原因。比如自己本来不喜欢走后门，但是看到别人都在走之后，也去走后门，并不是因为跟风，而是因为自己不走后门，则会在竞争中被淘汰。为什么公共区域的垃圾没有人打扫？不是因为别人不打扫，自己也不去打扫，而是因为都认为公共区域不是私人领域，事不关己，自己不打扫会有别人打扫，结果就越来越没有人打扫。

人们的集体行为其实也在无形中使用了经济学思维，用经济学的方式去思考问题，去处理问题。但是如果我们不懂得这些行为中的经济学，也许就不能真正明白人们为什么会做出这样的行动来。因此，关于集体行动中人们的经济学思维还是要懂得的。

为什么家长要让读小学的孩子考奥数、过四级、上特长班

2010年6月30日的《宁波日报》报道：

前几天，我们收到了一位母亲的来信。她在信里说：孩子刚刚结束小升初的考试，这个暑假相对比较空闲，看着周围的家长都给孩子报了奥数特长班，她的心里也直犯嘀咕，报还是不报？如若不报，孩子输在起跑线上可不行；要是报，又担心奥数的课程太难，让孩子以后对数学产生了畏难情绪。这个问题着实让她头疼不已。

每逢寒暑假，我们都会碰到这个老生常谈的话题。其实归根结底，就是要让孩子怎么度过一个充实的假期！带着这个问题，我们

咨询了众多老师。他们认为，小升初阶段，重点应该是培养孩子的行为习惯和思考能力。这个阶段儿童不仅在生理上迅速成长，大脑也处于重要的发展阶段，因此最重要的事情就是如何在开发孩子想象力的同时，培养他学会思考以及养成良好的行为习惯。家长应该在细节上引导孩子，而不是强硬地告诉他"什么该做，什么不该做"。其次，孩子的兴趣和意愿是关键。都知道兴趣是最好的老师，可是很多家长在报班的时候并没有考虑孩子的兴趣，结果往往会适得其反。孩子觉得自己刚离开一个学校就又进入另一个学校，学习起来也会变得浮躁，有的甚至产生逆反和厌倦心理。所以家长给孩子报假期提高班时应该尊重孩子的意见，同时给孩子多安排有意义的活动，让孩子玩好休息好，轻松快乐地度过暑假。

然而真正会按照以上正确方式来对待孩子的并不多，据2010年6月1日的《环球时报》报道：自20世纪80年代中小学"应试教育"改"素质教育"运动开始，中国大城市就刮起一股给孩子们报补习班或特长班的风潮。如今，这股风潮已经蔓延全国城市乡村，且愈刮愈烈、屡禁不止。几乎稍微有条件的家庭都会给孩子安排一堆的特长班。

父母为什么剥夺了孩子快乐的童年，代之以繁重的课业呢？其实很多父母也不愿意这样做。很多特长班其实没有让孩子学到什么东西，而且还花费了大量的金钱，并且使孩子们感觉非常痛苦，父母与孩子之间的关系也会出现一些冲突。那为什么父母还非要如此不可呢？究其原因，不仅和父母望子成龙心切有关，更和教育资源分配不均以及教育产业化倾向有关。以北京为例，在考入清华、北大等重点大学的学生中，有一半来自北京四中、人大附中等少数重点中学。而这些中学无不强调奥数、英语、音乐、体育等所谓特长。如今，北京很多小学生的家长，为了让孩子成为推优生或特长生上一个理想的中学，已经到了抓狂的地步。父母无法改变社会环境，只有改变自己的孩子——让孩子报更多的补习班或特长班。

由此我们可以看出，父母之所以让孩子们上特长班，还是为了让孩子将来能有一个更好的人生，能够接受更多更好的教育。但是因为"僧多粥少"，教育资源的不充分，出现了稀缺性，竞争非常激烈，而又因为"这些中学无不强调奥数、英语、音乐、体育等所谓特长"，所以家长们在万般无奈的情况下，也只能逼迫子女去学习做这种事情了。根本的根本，父母这样做还是因为资源的稀缺性造成的，而这一问题又是难以解决的。

爸妈逼孩子上特长班也是无奈之举，在资源稀缺性问题的催逼下，再加上从众心理的作用下，上特长班的学生还会越来越多，成为一种畸形但是又合情合理的集体行动。

> 羊群效应：指人们经常受到多数人影响，而跟从大众的思想或行为，也被称为"从众效应"。人们会追随大众所同意的，自己并不会思考事件的意义。羊群效应是诉诸群众谬误的基础。经济学里经常用"羊群效应"来描述经济个体的从众跟风心理。羊群是一种很散乱的组织，平时在一起也是盲目地左冲右撞，但一旦有一只头羊动起来，其他的羊也会不假思索地一哄而上，全然不顾前面可能有狼或者不远处有更好的草。因此，"羊群效应"就是比喻人都有一种从众心理，从众心理很容易导致盲从，而盲从往往会陷入骗局或遭到失败。

为什么国有企业垄断行业员工工资那么高

据媒体透露：广东电力系统抄表工年薪15万元、浙江某烟草公司中层年薪30万元等新闻的爆出，将社会对垄断行业高薪酬的关注一次次推向新的高潮，也一次次撩动公众的神经。

相关部门统计的中国工资最高的行业排名如下：电力行业、烟草行业、航空居前三，石油行业紧随其后。

从以上的行业中我们可以看出，这些工资高的行业都是垄断行业，据2007年3月9日的《信息时报》报道：全国人大代表、广东省政协副主席王珣章在全国两会上提交建议指出：垄断行业的高收入成为改革收入分配制度的焦点问题，应建立健全监管体系，有效调节垄断行业收入偏高问题。王珣章表示，目前我国城乡居民差距不断拉大，成为中国社会的不和谐因素。其中，垄断行业员工工资过高、增长过快的问题比较突出。电力、电信、金融等行业职工的平均工资是其他行业职工平均工资的2至3倍，实际收入差距则可能在5至10倍之间。

据新闻报道，有一个电厂的抄表工每月工资6500元，一年发16个月的工资，外加年终奖和两份保险。而他所需要做的，只是一天抄四次电表。一位业内专家称，国有发电企业的人工成本确实大大高于当地的平均工资水平，补贴名目繁多，数额不菲，"他们冗员也很多，比如30万千瓦机组的企业，民营电厂一般只需要300人左右，而国有电厂要

1000人。"

看过这些报道之后，我们不禁要发问：为什么这些垄断行业的员工工资如此之高呢？

首先我们需要来看看什么是垄断。垄断行业简单地说就是你能做别人不能做的行业。一般情况下，垄断行业的形成有两种：一种凭借技术上的优势，进行行业上的垄断，如美国的微软公司的操作系统，因为深厚的技术优势，垄断了全球各国的电脑操作系统。另一种是由国家控制下的垄断行业，如我们国家的烟草、电力行业，由国家垄断经营，私人不可进入。

而正因为其形成了垄断，并且又是关系到国计民生的行业，所以其收益也就相当地大。而且因为企业形成了垄断，其商品的价格就已经不再完全由市场供需决定，而在很大程度上由垄断行业自己来定价，因此就可以定很高的价格，以极低的成本获得较高的收益，获取巨大的经济收益。

在我国垄断行业属于国有企业，经济收益要属于国家，那么他们为什么还要给员工开那么高的工资和繁多的福利呢？因为垄断行业的经济收益都归国家所有，但是它也需要员工的工作来运转，而企业的员工都知道企业收益如此之高，如果不给员工的工资也高一点，很容易引起企业员工的不满情绪，也很快就会因此而产生消极怠工的情绪，也就是说产生负面的激励作用，不利于企业的发展，所以垄断行业便会给员工以优厚的待遇，以激励员工好好工作。而这一激励也在社会上产生了不良的影响，那就是很多人都通过各种途径向这些垄断行业中进军，都希望能够分一杯国有企业高工资高福利的羹。

关于国有企业中的一些垄断企业工资过高的现象已经存在十年之

久，但是一直没能解决，想要改变这种现状并不是一天两天的事，只有等到国有企业改革真正完成时也许才会有所改观。

为什么公共区域的垃圾没有人清理

　　2010年8月2日《山西晚报》报道说：连日来，大量反映垃圾无人清理的电话打进本报，涉及迎新街、和平北路、大王路、尖草坪、学府街等街道。7月29日上午，报社派出了记者到漪汾公园北门附近，发现路中间堆着大量垃圾，路南仅有一条狭窄的小口，行人和自行车可以通过，路中央的车辆排成了长龙。停在最前面的司机一边掉头一边告诉后面的车主："前面过不去，赶紧掉头吧！"之后，过往车辆纷纷掉头离开。大路中间居然堆积了如此多的垃圾，到底是什么原因引起的呢？

　　然而这种情况不仅只有一个地方出现，记者又来到紧邻的兴华南小区。只见小区西面的围墙处，已形成一个约300平方米的"垃圾海"，一直延伸到了居民楼边，中间仅剩下一条不到两米宽的道路，阵阵恶臭扑鼻而来，苍蝇、蚊子漫天飞舞。"本来连路都堵了，这条道还是我清出来的。天气这么热，垃圾堆成这样都没人管。""最近一次清理是在上个月23号，之后就再也没有人清理了。""附近有个垃圾中转站，里面明明空着，拉过去就完了，为啥没人过来清理呢？"居民们说，无奈之下，许多人只好将垃圾倒

62

在了路上。

在居民的指引下，记者来到了相隔不远的垃圾中转站，只见大门紧锁着。据附近商铺人员说，已经锁了好几天了。负责管辖该小区的太原市万柏林区兴华街道办事处负责人王书记称，通常情况下，垃圾是一天一清理，最近十多天来，由于太原市各垃圾中转站的垃圾无法运送至终端垃圾场，导致很多地方的垃圾无法处理。当日下午，记者与该小区所属万柏林区环卫局办公室一位工作人员取得联系。对方表示，大约从上周起，由于种种原因，太原市垃圾终端处理场侯村垃圾场无法进入，导致全市所有中转站的垃圾没法运送。中转站只好关闭，因为如果将垃圾存放在中转站，很容易造成二次污染。记者随后又采访了太原市市容环卫局办公室一位工作人员。其称，目前他们正在与侯村垃圾场进行协调处理，以尽快恢复正常运作。

垃圾没有人处理是因为中转站没能及时运送的原因，可是另一方面也与市民有关。为什么自家的垃圾有人处理，而在公共区域的垃圾就没有人处理了呢？这是一个耐人寻味的问题。也许有人会说这就是典型的"各人自扫门前雪"，自己家的垃圾肯定没人给处理，所以就需要自己处理了，而公共区域的垃圾有垃圾清理机构，当然就不会有人清理了。其实这种现象在日常生活中也很常见。通常情况下，我们会很容易发现，公共设施坏得比较快，属于大家共有，但又不是个人私有的东西总是比较容易损毁。这到底是什么原因造成的呢？其实这是一个自古就有的"公有地悲剧"。

公有地问题实际上是关于共享资源或再生资源问题，如渔场、森林和蓄水层的使用，对共享资源利用不当的可能是典型的公共问题。假设一个村庄划出一块公共区域让村民放牧牲畜。所有村民都有购买牲畜的动机，因为能在公共区域免费放牧。但是，如果给定一个小的公共区域，个人的最终选择将造成过度放牧，在极端情况下，导致谁都不能放牧，这就是典型的"公有地悲剧"现象。垃圾也倒在公共区域，谁家的垃圾都会来倒，人人都想到把自己家的垃圾倒出来，反正有专人清理，所以也就无所顾忌地往外倒。没有想到的是，当垃圾没有人清理的时候，便堆积成山。而个人是不可能来清理，也无法清理的，所以就会出现这种现象。其实不仅是公共区域的垃圾无人清理，在其他方面，凡是涉及到"公有地"的情况，都是一个难以解决的问题。

公有地悲剧：经济学家哈定给出的公有地悲剧定义如下："在共享公有物的社会中，每个人，也就是所有人都追求各自的最大利益。这就是悲剧的所在。每个人都被锁定在一个迫使他在有限范围内无节制地增加牲畜的制度中。毁灭使所有人都奔向目的地。因为在信奉公有物自由的社会当中，每个人均追求自己的最大利益。公有物自由给所有人带来了毁灭。"

为什么企业间的价格联盟难以持久

2007年2月1日，据中国有色网报道，山东信发华宇氧化铝有限公司、山东魏桥、开曼铝业、洛阳香江、东方希望、山东鲁北企业集团总公司、山西鲁能晋北等7家非中铝系氧化铝生产企业不约而同地宣布将氧化铝价格提高至2900~3000元/吨，并称共同维护市场秩序，避免恶性竞争。业内认为这是氧化铝企业"结盟"对抗中铝频繁调价。

同时，中铝集团的氧化铝报价在2400元/吨，比七家企业的价格低了20%。中铝内部营销人士认为，"价格联盟"长期存在的可能性较小。一些业内人士也认为，此次7家氧化铝生产企业的价格联盟，是2006年23家电解铝企业宣布联合减产保护铝价行动的翻版，到最后可能不了了之。果然，不久之后，价格联盟彻底瓦解，氧化铝的价格直线下跌至成本价。

为什么企业之间的价格联盟总是不能持久呢？是因为产能过剩吗？当然跟产能过剩有关，但那却不是真正的原因。其实企业之间的价格联盟不能持续的现象非常多。我们不妨先来看看下面这个例子。

石油是世界上最重要的能源之一，尤其是对工业国来说，石油的需求量非常巨大。但是因为石油是一种不可再生的资源，并且目前来说，石油的产地与石油需求国家正相反。欧美一些国家对石油的需求量很大，但是石油矿产量却不足。而西亚波斯湾附近的一些国家，尤其是阿拉伯世界本身对石油的需求量并不大，但却是世界上石油储藏量最丰富的地方。因此，石油的供给与需求就产生了不可避免的交易行为。

为了抬高石油价格，以获得更多的经济利益，1960年9月，由伊朗、伊拉克、科威特、沙特阿拉伯和委内瑞拉的代表在巴格达开会，决定联合起来共同对付西方石油公司，维护石油收入。1960年9月14日，五国宣告成立石油输出国组织（Organization of Petroleum Exporting Countries，OPEC），简称"欧佩克"。

20世纪70年代，石油输出国组织的成员决定提高世界石油价格，以增加它们的收入。这些国家通过共同减少它们提供的石油产量而实现了这个目标。从1973至1974年，石油价格上涨了50%以上。几年之后，OPEC又一次故伎重演。从1979年到1981年，石油价格几乎翻了一番。石油输出国对此十分高兴，但是OPEC并没有一直维持石油的高价格。1982到1985年，石油的价格一直在以每年10%的速度稳步下降。1986年，OPEC成员国之间的合作完全破裂了，石油价格猛跌了45%。1990年，石油价格又回到1970年时的水平，并在20世纪90年代的大部分时间内保持在这一水平。虽然在21世纪初，石油价格又一次上升，但是这部分增长是由于巨大而增长迅速的中国经济的需求增加而引起的，并不是OPEC的的作用。但这时的价格仍没达到1981年时的水平。OPEC难以实现成员国组成这一组织的目标。这到底是为什么呢？究其原因，是博弈论中的"囚徒困境"在起作用。

什么是囚徒困境呢？1950年的一天，美国斯坦福大学客座教授、普林斯顿大学数学系主任阿尔伯特·塔克给一些心理学家做讲演，为了避免使用繁杂的数学手段而能更加形象地说明博弈的过程，他提出了囚徒困境的理论模型。

塔克以下面这则小故事作为开始：

鲍勃和埃尔两个窃贼在偷盗地点附近被警察抓获，分别关押。每个窃贼必须选择是否供认并指证同伙。如果二人都不供认，将被指控非法携带武器，入狱1年。如果二人都供认并指证同伙，将入狱10年。如果一人供认，一人不供认，则鉴于供认者与警方合作的表现，无罪释放，其同伙将遭到严惩，判入狱20年。

我们用收益矩阵分析囚徒困境的情况(如下表):

		埃尔	
		供认	不供认
鲍伯	供认	10年，10年	0年，20年
	不供认	20年，0年	1年，1年

收益矩阵可以这样解释：囚犯的战略是供认或不供认，每个囚犯选择其中一种战略。竖列代表埃尔的战略，横行代表鲍勃的战略。矩阵中的每组数字是两个囚犯选择不同战略得到的相应结果，逗号左边的数字为鲍勃的收益，右边数字为埃尔的收益。以第一列为例，若两囚犯都认罪，都被判入狱10年；若埃尔认罪，鲍勃不认罪，鲍勃入狱20年，埃尔获释。

那么，到底应该如何解决这一博弈问题呢?如果二人都想入狱时间最短，什么样的战略才是理性的呢？埃尔可能作如下思考："有两种可能性会发生：鲍勃认罪或保持沉默。假定鲍勃认罪，则我不认罪将入狱20年，认罪将入狱10年，所以该情况下最佳的选择是认罪。相反，假定鲍勃不认罪，则我不认罪将入狱1年，认罪将获得自由，认罪还是最佳选择。总之，我应该认罪。"

同样，鲍勃也将按照相同的思维确定自己的行为选择，其结果是两人都认罪，被判入狱10年。然而，如果二人非理性行事，保持沉默，每人只会入狱1年。

由此可见，对于鲍伯来说，无论埃尔采取什么策略，他坦白总是对自己有利的，两相比较，坦白是他的优势策略；对于埃尔同样如此。因此，在这个博弈中，坦白是双方的优势策略，那么，抵赖就是劣势策略。

实际上，囚徒困境正是个人理性冲突与集体理性冲突的经典情形。上文中所说的欧佩克成员国原本就是这种合作与背叛的囚徒困境关系。在开始的时候，大家都一致通过降低产量来要胁欧美国家，以此抬高石油价格。在第一次合作的时候都达到了目的。但是久而久之，成员国都希望能够在这种高价格的时候多产一些石油，因此就能够通过产量的增加来获得更多的收益。一个国家这样想，增加了产量，获得了更多的经济利益。但是成员国都不是傻子，都这样想，同时也都认为其他国家不会这样做。结果是，成员国都大量生产石油，使石油的供给量相对过多，结果就会造成了价格的下降。成员国都背叛了其他国家，结果也损害了自己的利益。所以，在20世纪80年代的时候，石油输出国将石油的价格抬高了一倍，各国都受益。但是在之后各国都偷偷地增加了产量，导致在1990年石油的价格又回落到1970年的水平。合作失败，之后也一直没有再成功合作抬高石油价格。

由此，我们便明白了为什么企业之间的价格联盟难以长久了，不是因为他们不想，而是因为他们不能。

为什么人人痛恨"走后门"，自己有时却不得不"走后门"

2010年8月22日的《当代生活报》报道：8月20日晚9时，南宁市公安局青秀公安分局滨湖派出所抓捕了一位高校教师陆某。身为南宁市某高校教师的陆某，在校外大肆打着帮调动工作、帮忙找关系办事、上大学的幌子四处行骗，骗取他人财物达20多万元。

2009年12月9日的江苏《扬子晚报》报道：江阴男子张文蔚因诈骗而被江苏省江阴市法院判处有期徒刑十年六个月。现年40岁的被告人张文蔚因赌博欠下大量赌债。2008年10月，张某从女友范某口中得知，范某姐姐的女儿薛琳毕业后一直没有找到工作。于是张文蔚便谎称自己"有门路"，可以帮薛琳安排进解放军第五一五医院工作，只是需要缴纳15000元的职业培训保证金。范某的姐姐听说张文蔚能让女儿进医院工作，喜出望外地将钱如数送到张文蔚手中，并让张文蔚出具了一张收条。之后，张文蔚用伪造的医院财务章、上班通知等骗取了范某姐姐的信任。在近半年的时间里，先后以需要缴纳培训费、单位集资款、请领导吃饭送礼等名义向范某的姐姐骗钱，先后8次共骗取现金16.7万余元。而这笔巨款除了部分被张文蔚用来归还赌债外，其余的钱都被他输了个精光。然而纸终究包不住火，范某的姐姐见半年多过去了，女儿还没能去医院上班，就对张文蔚产生了怀疑，向警方报了案。法院审理后认为，被告人张文蔚以非法占有为目的，采用虚构事实、隐瞒真相的方法骗取他人钱财，情节特别严重，其行为确已构成诈骗罪，遂依法判处有期徒刑十年六个月。

以上两则新闻都是因为有人想走后门，托关系办事，结果却被骗了。关于走后门的事，中国人是倍受批评的，不管是哪国人对中国人的评价都必有一条：中国人办事喜欢托关系，不走正规渠道。事实果真如此吗？中国人真的喜欢走后门吗？其实不是，正确的说法是，几乎所有的中国人都痛恨走后门，但是有的时候又不得不去走后门。

几乎所有的人在开始的时候都想要通过正规渠道去达到自己的目的，但是很快却发现，自己虽然很优秀，却被有些不如自己的人通过非正常渠道排挤出来了。这些人痛恨走后门、跑关系的人，为了达到目的不得不像其他人一样去走后门，去跑关系。之后很多人在遇到事情时，就不再想走正规渠道，而是首先选择走后门、托关系，结果就给人一种印象，中国人喜欢走后门。实际上这是一种"示范效应"的结果。所谓"示范效应"是经济学中的一个重要效应，简单地说就是指当一个人做了某件事，结果对自己很有利时，很多人便竞相模仿他的行为，用相同的方式去做同样的事情。人们走后门、跑关系也是因为受到了示范的影响。

为什么人们愿意为电影票买单而不愿意花钱看烟花

　　几乎所有的人都为电影票买过单，但同时也几乎没有人为看烟花花过钱。而且人们总是认为看电影花钱是正常的，而如果看烟花也花钱则是不正常的。同样是欣赏一种物质，为什么会出现两种不同的态度呢？

　　首先我们需要来弄清生活中的一些物品的分类。我们生活中的一切物品大致被分为四种：私人物品、公共物品、公有资源和自然垄断的物品。私人物品是指在消费中既有排他性又有竞争性的消费品。排他性就是指一种物品具有的可以阻止一个人使用该物品的特性；竞争性是指一个人使用一种物品将减少其他人对该物品的使用的特性。例如一支雪糕具有排他性是因为可以阻止某个人吃它，只要不让他得到这支雪糕就可以。而雪糕具有竞争性则是因为如果你吃了这个雪糕，另一个人就不能吃到同一个雪糕了。在经济学中，大多数物品都像雪糕一样属于私人物品，但是要得到它，你需要付出一定的代价——金钱或者劳务，不然就得不到，而一旦你得到了这一物品，你就是它的唯一获益者。

　　公共物品则是指在消费活动中，既无排他性又无竞争性的物品。也就是说，不能阻止人们使用一种公共物品。而且一个人享有一种公共物品并不能减少其他人享有它所带来的益处，比如天气预报。一旦天气预报播出之后，要阻止任何一个人听到它都不可能，所以说它不具有排他性。而当一个人得到天气预报的益处时，并不会减少其他人得到天气预报的益处，所以说这种物品不具备竞争性。

公有资源是指在消费中有竞争性但没有排他性的物品。如在海洋中的鱼群就是消费中的一种具有竞争性的物品：当一个人捕到鱼之后，必然会使其他人能够捕捞的鱼减少了。但是这些鱼并不是排他性物品，因为在如此大的海洋中，阻止渔民捕捞是不可能的。

而自然垄断的物品则是一种更特殊的物品。它在消费中具有排他性，但是不具有竞争性。最明显的例子是消防。如果某地发生了火灾，要不让某人使用消防这种物品是很容易的，只要消防部门袖手旁观，让火继续烧下去就可以了。但是消防在消费中不具有竞争性：因为消防部门花的是纳税人的钱，多保护一所房子与少保护一所房子对他们来说是没有区别的。

知道物品的这种分类方法，我们再回头来看为什么人们愿意花钱买电影票而不愿意花钱看烟火表演，就一目了然了。人们愿意为电影票买单，是因为电影票属于私人物品。一张电影票一个人用去看电影了，其他人就没法再用了，是具有排他性的。而对于一部电影来说，虽然不具有竞争性，谁都可以看，但是电影票却是具有竞争性的，因为电影院的座位是一定的，一张票对应一个座位，所以一个人买了一张票，就会使其他人得到这张票的机会没有了，而且还会使其他人买别的票的机会降低。所以说，给电影票买单是很正常的。对于每个人来说，都是很容易理解的。

但是为什么人们在愿意给电影票买单的同时，却不愿意给看烟花买单呢？美国一个小镇的居民喜欢在7月4日晚上观看烟花。根据调查，全镇500个居民都愿意支付10美元来观看烟花。而实际上，燃放烟花的成本则为1000美元。

小镇居民吉姆认为这是一个商机，因为收益减去成本还有4000美元的利润。所以，他决定举行一场烟花表演。可是当他在卖烟花观看门票时，遇到了始料未及的麻烦，几乎没有人来买他的门票。大多数人认为，即使不买门票，他们也能看得到烟花，因为烟花没有排他性。所以，这就激励人们不会去花钱看烟花，都愿意成为搭便车者。结果吉姆的生意就赔钱了。因为烟花不用花钱也能看得到，所以，就不会有人愿意为此支付费用。烟花可以说是一种公共物品，既无竞争性，又无排他性。这就是人们不愿意为烟花付费的原因。

　　再深究一步，其实公共物品是可以转化为私人物品的。比如灯塔的作用是用来标出特殊的地点，以便过往的船只可以避开有暗礁的水域。灯塔为船长提供的利益既无排他性，又无竞争性，因此，每个船长都有搭便车的想法，既利用灯塔航行又不为这种船务付费。由于这个搭便车的问题，私人市场通常不能提供船长所需要的灯塔。因此，现在的大多数灯塔由政府经营。但是在19世纪的英国海岸上有一些灯塔却是由私人拥有并经营的。只是当地灯塔的所有者并不向享用这种服务的船长收费，而是向附近的港口所有者收费。如果港口所有者不付费，灯塔所有者就关掉灯塔，而船只也就会避开这个港口。因此，港口所有者为了招揽船只，就必须要向灯塔所有者付费。这样，作为公共物品的灯塔就变成了一种私人物品。

　　总之，生活中的许多物品对人们的生活起着不同的作用，而且这些物品在一些情况下是会转变的，所以，我们每个人都应该对物品的特性有一定的了解，这样就会更有利于我们对自己的经济行为做出决策。

吸烟有害健康，为什么国家不禁绝香烟

2010年8月24日的《京华时报》报道：昨天，中国控制吸烟协会公布了2009年国产影视作品烟草镜头统计，影视作品吸烟镜头仍然普遍存在。《风声》、《建国大业》等影视剧因吸烟镜头过多被点名。为此，控烟协会已向广电总局发出公开信，呼吁广电行业出台规定和政策，在银幕和荧屏上"禁烟"。

从2007年开始，中国控烟协会每年都会对热播的国产影视剧中的吸烟镜头进行监测统计。对2009年热播的40部电影和30部电视剧进行的监测结果显示：在40部电影中有9部电影完全没有烟草镜头，31部影片有烟草镜头，占影片的77.5%；30部电视剧中，2部没有烟草镜头，28部有烟草镜头，占电视剧比例的93%。

统计显示，《风声》是故事题材电影作品中烟草镜头最多的影片，烟草镜头总时间占总片长的4.9%；历史题材影视剧中，《建国大业》的烟草镜头最多，出现烟草镜头占总片长的11.76%，"在塑造伟人或历史优秀人物的形象时，应更多地通过健康、适宜的生活方式进行表现，而非吸烟"，中国控烟协会副会长许桂华表示。

在中国控烟协会与中国疾控中心控烟办的倡议下，冯远征等40多位影视明星已签名支持"无烟影视"。对此，中国控烟协会表示，将对明星们在公众场所吸烟的行为进行监督，并考虑增设"脏烟灰缸"奖，

"表彰"多次在公众场所违规吸烟的艺人。

香烟诞生之后，在相当长的一段时间内，人们并没有认识到吸烟是有害健康的。作为一种当时认为无害的嗜好，又作为一种时尚，香烟迅速被世界各国的人们所接受，同时发展成一产业，在世界中也已经拥有极为广阔的客户群。各国政府也迅速发现了其中蕴藏的巨大商机，将其列为国家专卖事业，与盐业、酒业一样成为国家重要的税收来源。 到20世纪后半叶，人们的生活水平和科学技术均发展到新的高度，香烟对人体的危害逐渐为世人所重视，成为社会问题，禁烟的呼声愈见高涨。但是，这种呼声只是存在于一部分人群中，所以各个国家考虑此事时都是从历史到现实全面地看待这一问题。

简单讲起来，不能禁止生产香烟的原因主要有以下几点：

（1）吸烟有害健康的结论已经得到公认，但是并没有吸烟能够导致某种疾病的直接证据。各种研究所表明的是，吸烟人群中患某种病的几率高于对照组（例如癌症等），但是并不是说吸烟就一定会患某种疾病。事实上大家也可以在日常生活中看到，有些人虽然抽烟很多，或曾经抽烟很多，但是照样很长寿。这种情况下，有什么理由禁止生产香烟呢？

（2）现在世界中仍存在的大量烟民。吸烟对他们中的大多数人来说已经成瘾了，不可能在短时间内戒掉。有这样大的市场的一个产业，不要说没有理由禁止，就是想禁止也禁止不住。所以各国政府对此都是很消极的。

（3）香烟产业已经存在了这么多年，提供了很多就业机会不说，它所提供的大量的税收早已成为国家预算收入中不可或缺的一个重要部分。一旦禁止，国家从哪里获取收入来填这个窟窿呢？

综上所述，国家不禁绝香烟是有其原因的，如果禁绝了香烟，会导致财政危机，引发就业问题等劳动力问题，所以是不可能的。禁绝香烟这是每个国家的当家人都必须面对的问题，也是一个难以解决的经济问题。

张德培为什么不会自己修剪草坪

张德培是当代网球高手之一，难能可贵的是，他在其他活动中也能做得非常好。比如，他能更快地修剪好自己的草坪。但是他能够迅速地修剪草坪，就应该自己动手修剪吗？

假如张德培能用两个小时修剪完草坪。但是在这同样的两个小时中，他可以参加一次比赛，也可以为阿迪达斯拍一个电视商业广告。无论他做哪一种工作，都能够得到大约1万美元的报酬。而与他相比，他邻居的孩子福瑞斯特·甘姆能用4个小时的时间将老虎·伍兹家的草坪修剪完好。在这同样的4个小时中，他也可以到肯德基快餐店里去工作并赚到20美元的报酬。

张德培如果真的要自己修剪草坪，那么他势必要放弃1万美元的收入。而福瑞斯特·甘姆虽然也会得不到因为给他修剪草坪的20美元报酬，但是他同样可以通过在肯德基工作得到。张德培在修剪草坪上有绝对优势，因为他仅用两个小时就可以完成，而福瑞斯特·甘姆则需要4个小时。但是福瑞斯特·甘姆在修剪草坪上有比较优势，因为他只不过是放弃在此处获得的20美元。由此可以推知，老虎·伍兹不会自己修剪草坪，但是福瑞斯特·甘姆却不一定愿意来给他修剪草坪，如果他给的报酬也是他在4个小时里能够赚到的20美元的话。所以，张德培只要付给福瑞斯特·甘姆多于20美元而少于自己的支付意愿价格就可以达成交易。由此可以断定，张德培不可能会因为自己能够更快地修剪好草坪，就选择自己修剪。

> 绝对优势：简单地说就是指用比另一个生产者更少的投入生产某种物品的能力。
>
> 比较优势：简单的说指的是一个生产者以低于另一个生产者的成本生产某种物品的行为。

这样进行交易之后，福瑞斯特·甘姆的收益会跟着变大。由此可见，比较优势原理解释了相互依存和贸易的好处，也证明了经济学中的一大原理——贸易使每个人的境况变得更好。经济学家很早就了解到比较优势的原理。亚当·斯密在很早的时候就提出了如下的观点：

如果购买一件东西所付出的代价比在家里生产所付出的代价小，就永远不要在家里生产。裁缝不想制作他自己的鞋子，而向鞋匠购买。鞋匠不想缝制他自己的衣服，而雇裁缝缝制。农民不想缝衣，也不想制鞋，而宁愿雇用那些不同的工匠去做。他们都知道，为了他们自身的利益，应当把他们的全部精力集中使用到比其他人有优势的方面，而以其劳动生产物的一部分或者说是一部分的价格，购买他们所需要的其他任何物品。

总之，人们做一件事情并不是由其自身的绝对优势来决定的，而是取决于其比较优势。而贸易也正是在比较优势的对比下才得以进行，并且使贸易双方的情况都变得更好。

为什么说榜样的力量是无穷的

《墨子》中有一则寓言："昔者楚灵王好士细腰，故灵王之臣皆以一饭为节，胁息然后带，扶墙然后起。"讲的是楚灵王喜欢苗条腰细的宫女。众宫女为了得到楚灵王的宠爱而纷纷节食，追求"骨感美"，结果个个都饿得面黄肌瘦，弱不禁风。很显然，这是一则劝谏寓言。

几乎每个人每年都要购买衣服，而在买衣服的时候，通常会听到售货员说今年流行什么颜色，什么款式等等。于是我们就很容易听从她的说法去购买衣服。那么她说的流行颜色与样式又是从哪里来的呢？

一般情况下，如果售货员不是为了销售某种服装而故意欺骗顾客的话，通常她所说的颜色与款式都是由时装设计师公布的。每年世界各地都要举行许多时装秀，那些时装模特所穿的衣服虽然不会直接为公众所接受，但是那些时装的样式和颜色却极大地影响了人们的选择，造成一种"示范效应"。"示范效应"就是指因为消费者不是孤立的人，而是社会的人。消费的效用不仅来自于个人消费中物质与精神欲望的满足，而且还来自于与别人消费的比较。因此，效用就成了一种主观感觉，消费效用的大小就受到他人消费的影响。正如我们俗话所说的"榜样的力量是无穷的"。

无论是楚王好细腰，还是人们根据流行色与款式购买衣服，都是受到了示范效应的影响。这也是一个重要的经济学问题。我们都知道一个简单的经济学常识——在市场经济中，产品销售的多少取决于消费者的需求。消费者对某种物品的需求是购买欲望和购买能力的统一。购买能力取决于收入、价格等因素。但是，在经济条件允许的时候，还是有许多商品不能卖出去，经济学家认为，这是因为消费者缺乏对这些产品的购买欲望。因为消费者一旦对某种产品有了强烈的购买欲望，他就会为实现这一愿望而多赚钱，这就提高了购买能力。或者他也可以通过超前消费的行为把未来的购买能力变为今天的购买能力。可见在市场中，购买欲望是十分重要的。

而对于每一个消费者来说，他的购买欲望则来自消费者的偏好。消费者对某种物品的偏好越大，这种物品给他带来的效用就越大，他就越愿意购买，需求就越高。消费者偏好是一种心理现象。这种心理现象虽然因人而异，但是人的心理现象也有某些程度上的相同，而且还很容易受他人的影响。比如人们容易受广告、历史传统、政策引导等等的影响，还有身边一些人的影响，这就是示范效应，也就是榜样的力量在起作用。

第四章

包装的力量——关于信息不对称

为什么图书在书店"码堆"就会卖得多，放到书架就卖不动？

为什么越来越多的人面对乞讨者一脸冷漠？

为什么几乎全新的"二手车"价格却非常便宜？

为什么越是优秀的人却越最先被淘汰出局？

全场只卖两元的小店如何盈利？

为什么说买的永远没有卖的精？

你相信婚姻其实最讲究的是门当户对吗？

在我们这个资讯爆炸的时代，信息越来越成为一种重要的社会资源。一个人掌握了信息甚至可以说就是占了先机，掌握了社会财富。信息的重要性越来越为人们所注意。其实在人们的日常经济行为中，信息从来都是一个重要的因素，甚至因此而派生出一个经济学分支——信息经济学。

信息经济学其实也不是太高深的学问，我们在日常生活中也经常会遇到信息经济学的相关问题。比如我们永远不知道一件商品的成本是多少，不知道商品的利润是多少，不知道应该侃价到多少才最合理，但是销售者却知道。我们不知道跟我们一同入职的人虽然跟我们工资水平一样，但是却不知道他的能力是否也跟我们相当，这主要是因为我们不了解他。还有我们开篇提到的这些问题，都是什么原因造成的呢？其实想要弄明白这些问题，只要懂得一个道理即可，那就是"信息不对称"。

信息经济学中最重要的一个概念便是信息不对称。这一理论是指在市场经济活动中，各类人员对有关信息的了解是有差异的；掌握信息比较充分的人员，往往处于比较有利的地位，而信息贫乏的人员，则处于比较不利的地位。该理论认为：市场中卖方比买方更了解有关商品的各种信息；掌握更多信息的一方可以通过向信息贫乏的一方传递可靠信息而在市场中获益。

甚至可以说市场经济发展了几百年，都是处于不对称信息的情况之下。今天，信息经济学逐渐成为新的市场经济理论的主流，人们打破了自由市场在完全信息情况下的假设，才终于发现信息不对称的严重性。信息经济学认为，信息不对称造成了市场交易双方的利益失衡，影响社会的公平、公正的原则以及市场配置资源的效率，并且提出了种种解决的办法。但是，可以看出，信息经济学是基于对现有经济现象的实证分析得出的结论，对于解决现实中的问题还处于尝试性的研究之中。例如，买者对所购商品的信息的了解总是不如卖商品的人。

在现实经济中，信息不对称的情况如此普遍，其影响如此之大，以至于影响了市场机制配置资源的效率，造成占有信息优势的一方在交易中获取太多的剩余，出现因信息力量对比过于悬殊而导致的利益分配结构严重失衡的情况。

当我们懂得这一理论时，我们就会明白很多以前不明白的事情，也就会懂得如何去对待一些以前因为信息不对称而引起的无法去面对的问题。

为什么图书在书店"码堆"就会卖得多，放到书架就卖不动

在出版行业，有一种比赛——"码堆"大赛，赛的是摆放图书的别出心裁。这种比赛可不是为了锻炼身体，而是为了通过图书的码堆吸引读者的注意力，从而增加图书的销量。

书店一般根据一定需要，选择新书、畅销书或者推荐图书，集中以同一图书堆砌为一摞或几摞的形式码堆陈列图书，缩减读者从书架上寻找、挑选的过程，以图书陈列的跳动性、醒目性直接引起前来选购图书的读者的注意力，增加销售机会。

作为书店的"特有风景"，"码堆图书"既能带动某一图书动销，也能预测是否会有畅销的机会。图书的"码堆陈列"也已成为卖场营销的重要手段之一。那么码堆陈列对图书销售产生的影响有多大呢？

以"虎妈"的畅销书《我在美国做妈妈》为例，码堆前销售每周8本左右，码堆后每周销售14本左右，可以看出销量的明显增加。

以四川文轩连锁西南书城为例，在一般情况下码堆图书和不码堆前的销售有2~10倍的差距，有的甚至还会更高。如《聪明人的思维游

戏》一书，码堆前的月销售也就30本左右，而码堆陈列后月销售可达300本以上，销量的增加是非常明显的，可见码堆图书陈列大有潜力可挖。

因为码堆会带来销量的增加，每个出版商都力图能让自己的图书在卖场里能以最夺目的方式吸引住读者的眼球，而其中"码堆陈列"便成为出版社必争之事。

其实有些书码堆并不是一定就是好书，那些没有码堆的书也不一定就不是好书。可是为什么码堆的书却卖得如此之快，而不码堆的书却销售量差很多呢？其实这属于一种信息不对称现象。因为一本书的好坏没有看过的人根本不知道，只有出版商与销售商知道这本书到底好还是坏。因此买方与卖方之间便形成了一种信息不对称的现象。卖方正是利用这种信息的不对称便将图书码成堆，给读者造成一种印象：这本书书店能够码成一大堆肯定是因为它是畅销书，肯定是因为是本好书，经受得住了市场的考验，销售量巨大，所以书店才不惜地盘地把它摆在显眼的地方。当一个读者注意到码堆的图书时，他会去光顾，而其他的人看到也会去翻看，因为人有从众心理，就会有越来越多的人去关注这些码堆的图书。当然买书的人会看一下书的介绍，可是没有人会在那里站着看完一整本书，多数人会觉得这是本畅销书而产生购买行为，结果买的人越来越多，这本书也真的成了畅销书。实际上这本书到底真的是不是一本好书，读者在阅读完毕之前根本无法确定。卖方正是利用了自己与买方之间的信息不对称而达到了自己的目的。

为什么越来越多的人面对乞讨者一脸冷漠

2010年6月29日的《成都晚报》报道：成都市草堂街办工作人员介绍，一环路西二段靠近省医院停车场的人行街道上有名女乞丐很"敬业"，无论日晒雨淋、寒冬酷暑，几乎每天早上到晚上都在此地乞讨。昨日上午11时，记者在现场看到，女乞丐二十出头，脊柱严重扭曲变形，右小腿上绑着石膏。由于女乞丐身材矮小，乍一看还以为她是一个未成年人。她坐在人行道中间，端着一个黄色的铁碗，嘴里不停唠叨……当街上人流稀少时，女乞丐做出惊人之举，只见她费力地挪动半米，背靠人行道的灌木丛，竟当街解手。

不过，女乞丐可怜的外表还是博得了不少过往市民的同情，不到一个小时，10多位市民陆续把钱丢在她的铁碗里。见铁碗里的钱装满了，她警惕地张望了一下，然后迅速地打开胸前的包，把钱全部倒入包内。中午12时40分许，一位六旬太婆推车路过时，竟掏出了一张百元大钞，放进女乞丐的碗中。其实，太婆穿着一般，自行车也很破旧。

"哎，又一个老人的爱心被蒙骗了。"一旁做生意的张先生介绍，女乞丐在这里讨钱已3年多了，她身体残疾，可能患有侏儒症。每天早晚，都有人来接送女乞丐，中午还有人给她送饭。附近一位女老板还和女乞丐有过攀谈，"她说着一口普通话。"女老板说，女乞丐向来十分警惕，问她啥子都说"好"，"不过她有一次无意中透露，她一天收入至少400元，可是天知道，其中有多少能落到她自己手中呢！"女老板认为，女乞丐可能被人操纵了。

经过草堂街办调查了解，女乞丐是安徽人，他们对她进行过多次劝导，表示可以给她提供帮助，她却一直念叨着自己哪里也不去。根据现有的政策，对于有民事行为能力的成年人，政府实行救助的前提必须是对方自愿，由于女乞丐坚持不进救助站，街办最后拿她没办法。

据调查，像她这样的职业乞丐非常多，活跃在成都街头的流浪乞讨者中，9成是"职业乞丐"。而且民警发现，他们的工资都非常高，有的甚至月入近万元，要比普通白领工资还高很多。

他们这些人就是利用人们的同情心来不劳而获，也正因如此，现在越来越多的人在面对乞讨者时越来越冷漠了，不再像以前一样满是爱心地施舍了。人们为什么越来越对这些乞讨者没有同情心了呢？其实这也可以算是人们在无形之中利用了经济学的思维看待问题了。原来人们因为信息不对称，以为这些乞丐是真的因为生活困顿无法生存而去乞讨，所以很容易就对他们生发善心，施舍钱财。但是当人们得知原来有些人是把乞讨当成了一种利用别人的同情心来赚钱的职业时，面对一个乞讨者，由于信息的不对称，人们通常不愿意去花费时间与精力去分辩乞丐的真假，而是代之以一脸冷漠。

为什么几乎全新的"二手车"价格却非常便宜

在二手车市场上经常会出现这种状况：一辆上周刚买下的新车到了下周就只能当一辆价格是原来一半的二手车卖掉。价格缩水的速度超出所有人的想象。很明显出现这种现象的原因绝对不是因为这辆车的质量迅速下降，成了一辆真正的二手车，那么到底是什么原因呢？

我们先来看一个假设：大致说来，二手车分为两种：好车和坏车。两种车看起来都差不多。因为在二手车市场上，几乎所有的车都被刷了一层新油漆。但是谁都知道，这些车中，有的二手车几乎是全新的，而有的则几乎是将要报废的。但是作为一个普通的买家，根本不可能分辨出众多二手车中哪一辆是几乎全新的，哪一辆是几乎报废的。而卖家则对这些信息了如指掌。事实上，卖家将所有的车都刷上一层新油漆也许正是使坏车看起来稍好一些，好车则会更好看一些，希望能够卖一个更高的售价。然而，买家根本不可能掌握卖家所掌握的关于二手汽车的信息，也就是说交易双方产生了信息不对称。因此，拥有充分信息的卖家可以利用买家对信息的缺乏而损害其利益，以达到自己的利益最大化。但是买家因为不知道二手车的好坏之分，所以就理所当然地压低二手车的价格，把所有的车都当成是坏车。即便几乎全新的车，买家也会因为信息的不充分而认为是坏车，也就不会给出自己原本愿意支付的价格。因此如果有人要着急出售几乎全新的二手车，就只能以很便宜的价格出售了。

那些急着出售的二手车拥有者可能会以极低的价格出售，但是那些专门从事二手车买卖的人可能就不会愿意把几乎全新的车便宜卖掉了。因此当有好车时，他们就不再愿意去卖，而只拿一些真正的二手车来卖。这样对于想从二手车市场买辆好车的人也产生了不利的影响。

劣币驱逐良币：铸币流通时代，在银和金同为本位货币的情况下，一国要为金币和银币之间规定价值比率，并按照这一比率无限制地自由买卖金银，金币和银币可以同时流通。由于金和银本身的价值是变动的，这种金属货币本身价值的变动与两者兑换比率相对保持不变产生了"劣币驱逐良币"的现象，使复本位制无法实现。也就是说，实际价值较高的"良币"渐渐为人们所贮存离开流通市场，使得实际价值较低的"劣币"充斥市场。

但是这一问题也不是没有办法解决的，在一些发达国家，二手车市场比新车市场还要活跃。发达国家的二手车市场已进入成熟期，二手汽车市场特点：交易量大，已形成规模。二手车市场体制机构健全，一般均形成一套比较完善的收购和销售体制。在一些欧洲国家，二手车交易量已经远远超过新车的交易量，一般比新车销售量高出一倍以上。比如：很多国家都有二手车协会，任何二手车的估价必须遵循科学的评估系统，并建立了一套较完善的二手车销售服务体系。凡是购买二手车的车主都可以得到一张保修单，享受两年的保修期，彻底解决了购买二手车者的后顾之忧。二手车的价格一般只有新车的一半左右，而且这类车再使用2~4年性能仍然可靠，使用后的价值损失远比购新车小得多。

这样的二手车用过后可以再次卖掉，这时车价只有新车的20%~30%，主要流向收入低或者没有收入的学生手中。另外还有一些较旧的车价格更低，仅有新车价的5%~10%，购买这种二手车，虽然要花一定维修费用，但总体上使用成本最低，很划算。

总之，几乎全新的二手车价格很便宜是因为买卖双方的信息不对称，卖方知道自己商品的质量，而买方则对此几乎一无所知，即使再好，也不会出高价，因此卖方如果急卖，只好降低价格。而在发达国家中，二手车市场之所以能够成熟起来，主要是因为他们引进了一种可以保证二手车质量的机制，能够很容易地把好车与坏车区分开来，使买卖双方都能真正了解车的质量，所以几乎全新的车价格就会比真正的旧车高，而旧车也不会因为质量问题而无人问津。

为什么越是优秀的人却越最先被淘汰出局

最优秀的人到哪里都应该是最抢手的，最漂亮的女人应该最先嫁出去，最有能力的人才应该最先找到工作，可是有时候我们却发现，最优秀的人却最先被淘汰出局，是什么原因导致出现这种反常现象的呢？

在舞会上，有四个年轻男子没有舞伴，这时恰巧来了五个美丽的年轻女子，其中有一个姑娘特别漂亮。这时，如果想和舞会上漂亮的姑娘共舞一曲，四个男孩子最明智的策略是邀请那些不那么漂亮的姑娘跳舞。因为，如果大家都去邀请最漂亮的姑娘跳舞，那么只会有一个胜出者，而且剩下的姑娘由于你没有把她作为第一选择会感觉到恼怒，这样做的结果是三个人都找不到舞伴。而且这四个人谁也不敢肯定自己会被接受，所以为了安全起见，为了自己能够得到舞伴起见，他们都不会去选择这个最漂亮的姑娘。

这个故事不仅告诉我们人们为了自己的最大利益而选择背叛的原因，还告诉了我们一个难以理解的事情：那就是最优秀的却最先被淘汰了。舞会中那个最漂亮的姑娘没有找到舞伴，最先被淘汰出局，而其他不如她的姑娘却找到了舞伴。这到底又是为什么呢？

我们再来看一个故事：

彼此痛恨又绝对理性的甲、乙、丙三个枪手准备决斗。甲枪法最好，十发八中；乙枪法次之，十发六中；丙枪法最差，十发四中。先提第一个问题：如果三人同时开枪，并且每人只发一枪；第一轮枪战后，谁活下来的机会大一些？

假如你认为是枪手甲，结果可能会让你大吃一惊。因为真正的答案是最可能活下来的枪法最差的丙。

假如这三个人彼此痛恨，都不可能达成协议，那么作为枪手甲，他一定要对枪手乙开枪。这是他的最佳策略，因为此人威胁最大。这样他的第一枪不可能瞄准丙。同样，枪手乙也会把甲作为第一目标，很明白，一旦把他干掉，下一轮（如果还有下一轮的话）和丙对决，他的胜算较大。相反，如果他先打丙，即使活到了下一轮，与甲对决也是凶多吉少。丙呢？自然也要对甲开枪，因为不管怎么说，枪手乙到底比甲差一些。如果一定要和某个人对决下一场的话，他宁愿留下来的对手会是枪手乙，这样他获胜的机会要比与甲对决大一些。

我们再来计算一下三个枪手在上述情况下的存活几率：

甲：24%（被乙丙合射40%×60% = 24%）

乙：20%（被甲射100%-80% = 20%）

丙：100%（无人射丙）

通过概率分析，我们发现枪法最差的丙存活的几率最大，枪法好于丙的甲和乙的存活几率远低于丙的存活几率。

我们现在换一种玩法，假定甲、乙、丙不是同时开枪，而是轮流开一枪。先假定开枪的顺序是甲、乙、丙，甲一枪将乙干掉后（80%的几率），就轮到丙开枪，丙有40%的几率一枪将甲干掉。即使乙躲过甲的第一枪，轮到乙开枪，乙还是会向枪法最好的甲开枪，即使乙这一枪干掉了甲，下一轮仍然是轮到丙开枪。无论是甲或者乙先开枪，丙都有在下一轮先开枪的优势。

如果是丙先开枪，情况又如何呢？丙可以向甲先开枪，即使丙打不中甲，甲的最佳策略仍然是向乙开枪。但是，如果丙打中了甲，下一轮可就是乙开枪打丙了。因此，丙的最佳策略是向天开枪，只要确保不打中甲或者乙，在下一轮射击中他还是处于有利的形势。

这样的例子在现实生活中有很多版本，尤其是在涉及到参与博弈的个体有强有弱的时候。比如总统竞选，实力最弱的竞选者总是在开始时表现得很低调，而实力强劲的竞选者和实力中等者之间反而互相攻击，搞得狼狈不堪，这个时候最弱的竞选者才粉墨登场，获得一个有利的形势。

到这里我们应该已经触类旁通，明白为什么越是优秀的员工越容易被淘汰了，不是其不优秀，而是太过优秀。这种优秀的被劣质的淘汰的现象在各种场合中都存在着。人们的经济活动都是为了使自己的利益最大化。跳舞的当然想找最漂亮的舞伴,买二手车的当然想找质量最好的二手车,招聘职员的当然想找最优秀的人才。但是因为劣币驱逐良币这一规律的存在,人们却不能如意。最优秀的结果却最先遭到淘汰。

全场只卖两元的小店如何盈利

近年来,在不少城市、乡镇的繁华地带一下子冒出了许多的两元店,它们大都店面不大,但装修整洁,所售的都是一些体积不大的小产品,看上去十分精致可爱。有各式各样的饰品、化妆品、小挂饰、日常生活用品、小玩具、文化用品等,品种繁多。那么为什么这些商品如此便宜呢?而两元店究竟又是如何做到有利可图的呢?

仔细想想,两元店并不神奇,它的生存之本就在于规模经营。所谓规模经营,就是使企业生产经营要素及其产品实行集中化,达到理想经济效益的界限产(销)量的过程,即达到规模经济的过程。为什么规模经营才会有效益,或者说为什么规模会成为效益的分水岭?因为规模和资源配置是有关联的,而资源配置与成本和效益又存在一定的内在联系。一般来说,有规模的或规模大的虽然配置多、开支大,但它所服务的对象也更多,所以比没有规模或规模小的平均成本还是要低。这个"规模"是需要在进货环节依靠规模取得低成本,这要求必须有良好的进货渠道,浙江、广州等小商品集散地是进货的必选之地。这些商品有的进价很便宜,可能才几毛钱,有的可能有几分钱,有的是处理货，有的库存货，当然有的是残次品，概括起来，所有这些，我们都可以统称为处理品比较恰当。既然是处理品，不管是因为什么原因处理的，那就有一个必然的条件——便宜，不便宜商家绝对是不会要的。

还有一种情况就是寄售，当然可以由供应商定价，商家收手续费，但商家不担资金风险和压货风险。

在两元店里，以这几种销售方式为主。同时实现规模销售，使整个进货、销售链条良性运转。这样既能保证商品的质量，又能保证商家的利润。现在，很多两元店甚至搞起了连锁加盟。

两元店成功的另一个秘密就是充分抓住了消费者的心理。首先，两元店叫得响亮，一件商品只卖两元钱，"这也太便宜了"，消费者几乎全会这么想，老百姓对价格是相当敏感的，从价格上直接吸引消费者的确是一大高明之处。其次，两元店的商品虽便宜但造型都不错，外观都美观时尚，于是乎，老百姓纷纷涌进了两元店。

两元店的利润究竟有多大？这是所有人都关心的事情。一个20平米的店面，一天的营业额达到1000元到2000元。事实上遇到旺季，一个这样的店面营业额还要高一些。据统计，一些处于闹市区的两元店旺季一天营业额在4000元左右。按照最低毛利润10%计算，一天的收入非常可观。再说两元店的投资，一个15平米到25平米的店面，年租金在1万元左右，店面装修3000元，周转金2万元，这样计算，最多3万多元就可以开业了。也正是这样的低门槛使两元店如雨后春笋般迅速发展起来。

两元店在产品结构上，还真有些在市场上不容易找到的小物品，这也一定程度上方便了我们的生活。有些产品属于库存或者不是由于质量原因处理的商品，或者过时商品。在销售技巧上，商家就是抓住顾客对两元不屑一顾、好奇、贪便宜的心理，在购买时不注意限制，往往不经意地进去，出来就花掉几十元，还感觉便宜，没有心疼的感觉。很多人都有爱逛两元店的毛病，只要走进经常光顾的两元店，里面有些什么东西简直是如数家珍，平常路过进去看看，只为发现"新大陆"而去。"两元店"的消费者大多是学生、习惯勤俭节约的老人和收入不高的群众，消费市场很大，而绝大多数消费者购买的产品出了问题也都不会去惹麻烦。

"无商不奸"这句古语虽说有些片面，但两元店里有不少不法商贩，做惯了"一锤子买卖"，既损害消费者利益，也砸了两元店的招牌。在有的两元店里，消费者就发现了"美宝莲"、"高露洁"、"强生"、"白猫"这样的名牌产品，这样的商品不用说就是假货。有的商贩说，上千件商品中未免会有"以次充好"的现象，一来是进货时疏忽，二来是两元店的经营之道中，就应该是琳琅满目涵盖万千，这样的商品，一般很难卖出去，就是摆个样子而已。对于一些有保质期的商品，其实不少都是过期的。好比一瓶400毫升的洗发水，成本肯定要超过两元，但保质期在上货时就已经修改，有些商品干脆在出厂时就没有保质期，什么时候进市场，什么时候才打上出厂日期。如此一来，其上货的成本就低于两元，即使两元卖出去，店主还是有的赚。当然这种做法属于杀鸡取卵，因为从长期来看，只有树立了口碑和声誉，两元店才能持续不断地经营和发展。

尽管两元店中存在假货劣货，我们还是应该客观地看待两元店，从某种意义上讲，它的存在也是对目前我们这个商品社会中的商品结构的一种补充。我们经常就有这种说法：便宜买不到的小商品，就去两元店找。这不也给了我们方便吗？再说回来，在这个社会群体中，除了富人，总还有穷人，还有中下层的消费者，两元店对他们不也是一种帮助吗？只要社会需要，它就必然有存在的理由。

为什么说买的永远没有卖的精

俗话说，买的没有卖的精。为什么会这样呢？经济学的解释是"信息不对称"。大到国家经济政策、股市汇市，小到老太太上街买菜，都离不开信息。信息在信息经济学中一般分为公共信息和私有信息。公共信息也称"公共知识"，就是大家或所有相关人员都知道的信息，比如购买产品的外观、颜色等方面的信息。私有信息也称为"隐藏的信息"或"隐秘的信息"，就是一方知道而另一方不知道的信息，比如购买的产品是否具有严重的缺陷等，只有对这种产品十分了解的卖主才能知道，这样的信息对他而言就是私有信息。

现实生活中之所以会存在信息不对称的现象，正是因为私有信息的存在。信息不对称是现实生活中非常普遍的一个现象。比如，在二手商品交易市场，买主对二手商品的熟悉程度肯定不如卖主，二手商品的质量是否有什么重大缺陷，这些信息买主是无法从商品外观上观察出来的，这时买卖双方之间就存在信息不对称。又如，企业在招聘员工的时候也面临信息不对称的困境。在人才市场，求职者提交的个人简历常常是完美的，许多人都说自己成绩优秀、实践能力强、具有开拓创新精神等，但这些是否是求职者的真实情况，企业并不清楚，因为求职者的个人能力是他的私有信息。

信息不对称不仅包括一方不了解另一方所知道的信息，还包括在一定的条件下，一方的行为是另一方无法观察到的情况。比如，对于上市公司聘请的职业经理人，股东无法保证他们所做的每项决策都是在为公司和股东谋取利益，而不是为其个人谋利。那么，应当如何减少现实生活中信息不对称所带来的负面影响呢？最直接的办法就是减少一方的私有信息，增加双方的公共信息，这就要求我们尽可能地搜寻更多的信息，掌握更多的信息。

俗话说，知己知彼，百战百胜。比如，买服装之前多了解一些不同服装、面料的知识，这样自然就减少了在购买时的信息不对称。其次，建立信誉保证机制。比如，商家在销售商品的同时要提供"三包"服务，在一定时期内如有质量问题，保证退货、换货等。其三，通过专业机构提供信息甄别服务。比如，在二手车交易市场有专门的二手车质量鉴定机构，在古玩交易市场有专业的鉴宝人士提供古董收藏鉴赏方面的信息，这样都可以减少信息不对称。至于减少存在"隐蔽行为"的信息不对称，则可以通过制度、机制设计，激励拥有私有信息的一方主动提供真实信息。

其实由此我们可以得出一个结论，不是买者不如卖者聪明，只是因为卖者比买者多掌握了一些商品信息，因为信息不对称，所以才会出现"买的不如卖的精"的现象，而这一现象是很难解决的，且从某种意义上来说，也是市场交易能够进行的一大原因。

你相信婚姻其实最讲究的是门当户对吗

我们从一些文艺作品中看到许多反对门当户对的爱情故事。这些故事看上去很美，男女主人公为了爱情，背叛了一切，后来冲破重重阻力，终于得到了认可，结为连理。但是结婚之后，并不像童话故事的结局一样——王子和公主从此过着幸福的生活，往往会因为两人之间的差异或者以离婚告终，或者在不幸的婚姻中了此余生。这种婚姻之所以破裂，主要的原因就双方的差距，用一句俗话说就是因为男女双方"门不当户不对"。

"门当户对"一词，很容易让人联想到"封建"、"守旧"等和上个世纪、上上个世纪的封建制度下的生活、婚姻的旧习、旧俗。然而，存在即合理，门当户对的择偶理念有其存在的原因和意义。婚姻来自人们的需求，需求取决于人的欲望，又受制于个人的能力。婚姻的关键是欲望与能力，欲望是生理与心理的需求，而能力却是先天或者后天的禀赋。所谓先天禀赋在经济学上是指父辈家庭的资源，比如财富、社会背景；后天禀赋是指通过自身的努力而获取的资源，比如学历、财富、人脉等等。

婚姻的双方都希望通过自己最小成本的付出取得最大的效用。有些婚姻的确达到了成本小于收益的目标。比如某些女性成功嫁给了大款，或者某些男性也娶到了富婆。然而，从长期来看却可能因为各方面差异过大造成的彼此无法真正了解，从而无法实现谅解，恶果是相互猜疑、指责，爱人变仇人，从而因为门不当户不对造成长期的损失。

因为婚姻作为一种投资，每个人都希望能够得到自己最大的收益。其中那些嫁了大款的年轻女子或者娶了富婆的年轻男子以极小的代价换取了极大的收益。但是对于婚姻的另一方来说，他们却没有得到自己想要的。大凡这种婚姻，都是以金钱来购买美貌与年轻。这的确是一种天生的资本，但是这种资本不是升值的，而是不断贬值的。如花美眷也经不起似水流年的侵蚀。美貌会随着时间的流逝而褪色，年轻也会因时空转换而不复存在。在这种情况下，买方必然会对"商品"的价值重新估值，虽然这是一种特殊的商品，但是也难免人老珠黄，遭遇被弃的命运。

这也就是为什么千百年来，人们在选择婚姻时首先要考虑门当户对的问题。那么，为什么门当户对的婚姻就比较稳定呢？婚姻是一种很现实的东西。在爱情中，人们也许会爱到死去活来，但是婚姻却是需要理性来选择与维系的。

"木门对木门，竹门对竹门"的婚姻观念其实一直影响着人们的择偶标准。只不过，过去的门当户对逐渐被另外一个东西代替，那就是"个人综合条件对等"。新"门当户对"论其实就是指个人综合条件对等律。

《红楼梦》中贾宝玉、林黛玉的爱情让许多人叹息。实际上，在现实生活中，宝黛二人的婚姻也是不太现实，即便结了婚也不会有多好的结局。婚姻对于娶嫁双方来说，都是一个极其重大的投资行为，甚至可能牵扯到整个家庭。贾母虽然怜爱林黛玉，但是心里从未真正想过把她许配给宝玉，最多不过说说罢了。再对比一下二人的情况，宝黛二人成长背景不同，经济条件不同，性格脾气也不同，虽然有感情，但是婚姻并不仅仅需要感情，并且在婚姻面前，感情往往很无力，这都注定了二人难以有结果，这也是为什么贾母等人不为二人结亲的原因。

门当户对实际上就是指信息对称，其实每个人都在进行这种考量。介绍对象时，双方父母首先会对以下各方面进行考量：年龄、身高、学历、职业、收入以及对方家庭情况。现代的"门当户对"讲的是个人综合条件，不光看父母、看出身，还要看个人方方面面的条件。假使家庭情况不好，只要个人能力比较强，也能够消减。比如你虽然现在挣钱不多，却是地地道道的"潜力股"，未来大有前途，也是"门户"考虑的重要条件。父母、家庭只是综合条件的因素之一。

"门当户对"的基本要求其实就是强调交易中的男女双方在各方面的信息能够相称，能够达到匹配。一个婚姻关系不仅代表两个个体的结合，更连接了两个家庭及各种社会关系，一旦有太大的"落差"，很容易导致婚后夫妻双方地位的不平等。一个人生长的家庭环境，特别是父母的一举一动、所作所为都会影响子女的情感、心理、行为等方面的成长，父母关系会直接或间接地影响子女婚后夫妻适应关系。

人们喜欢用"投缘"来形容两个人的相处融洽。"投缘"实际上也是一种信息对称，双方的成本与收益能够得到满足。因为不同的人格之间具有相容性和排斥性这一必然的特点。因此，只有与对方的人格具有较低的冲突性时，彼此才容易相处。此外，在婚姻关系中，人们经常会用到"共同语言"这一词语。很明显，两个人如果文化程度相差太大，就不可能会有共同语言，因为两个人在社会心态、个人修养、价值取向、思维方式甚至兴趣志向上不可能有太多的交叉点，而且这也是难以甚至不可能的。倘若与差异太大的人长期生活在一起，必然会因为观念上的差异、沟通的困难、处理矛盾的态度和能力上的差异，出现众多的冲突。这也是信息不对称的后果，也是门不当户不对的结局。

从种种迹象可以看出，两个各种条件相同或者相近的人结合越容易产生效用的最大化，双方能够从婚姻中获得更大的利益，而与境况稍差的人结合的话，则可能导致个人效用的减少。因此，从经济学的角度上看，门当户对的原因是个体为实现利益最大化。所以说，"门当户对"的择偶标准是最优选择，不仅不应反对，还应大力提倡。

第五章

"办证"的火爆——透视劳动力市场

"办证"为什么如此的火爆？

为什么大学生就业工资越来越低？

为什么制定最低工资法更会损害一些人的利益？

为什么企业里的"能者多劳"最终会导致"能者不劳"？

为什么工作干得时间久了就会感到很厌烦？

为什么纯手工制作的商品比机器批量生产的价格高？

难道失业了不马上工作就是浪费？

为什么清华大学的毕业生要比其他学校的毕业生抢手？

　　众所周知，不论是计划经济，还是市场经济都需要人们进行生产来维持经济的不断运转，而生产则永远离不开人们付出劳动。也不论是在何种经济体制之下，人们进行劳动都是为了创造财富，也只有进行劳动才会创造财富，每个人只要生存就需要物质，只要需要物质就必须要获得财富，获得财富就必须要进行劳动，用自己的劳动创造出物质，然后再将物质转换成财富，最后使用货币等财富来换取自己所需要的物质。由此可见，劳动力便是一种可以进行交易的商品。而事实上，经济活动也可以说是人们通过在劳动力市场上出售自己的劳动力来获得自己想要的财富的行为。

劳动力作为商品进行交易的便形成一个劳动力市场，是对人力资源进行有效配置的方式与途径。而我们每个人也都是劳动力市场中的参与者，我们都希望在劳动力市场上把自己"卖个高价"，可是有的时候人们却发现事与愿违。明明自己是能者多劳了，但是却不会多得，明明经济发展了，自己刚毕业拿到的工资却不如以前高。很多人把这些事情发生的原因归结为竞争激烈、工作难找，或者是受经济危机的冲击。当然这样说也不是没有一定道理的，但是真正的原因也许并非如此。

在劳动力市场中，你获得的财富取决于你在劳动力市场中从事的工作。如果你成为一名电脑程序员，你赚的一定会比你成为加油站服务员高。但是没有任何法律规定电脑程序员就一定会比加油站工作人员工资高。再如最低工资法对刚毕业的大学生有害而不是有利，我们也许很喜欢自己的工作，但是干的时间久了也会厌烦，失业看起来好像是浪费劳动力，等等这些问题都是有着深层次的原因的。

本章正是从劳动力市场方面提出了许多人们常见却不明白的问题，用经济学的知识来答疑解惑，让我们真正理解现实中遇到的劳动力问题。

ⅼⅼⅼ "办证"为什么如此的火爆

早在60年前，钱钟书先生的名著《围城》中，描述了主人公方鸿渐出国留学但学无所成，为了欺瞒家中老父，花钱从原本子虚乌有的"克莱登大学"购买假的博士学位证书一事。有此一证书，不但方鸿渐得以光耀门楣，而且还因这一学位而被东吴大学聘为副教授。由些看来，这个证书买得颇值。

学历真是个神奇的东西，早在半个世纪前，就给方鸿渐的虚荣心带来如此大的满足，并在工作上带来如此大的实惠。所以说，有个学历总是好的。特别在如今，把学历作为"敲门砖"的就业市场，鼓励了许许多多的"方鸿渐"。

在城市"牛皮癣"的小广告中，"办证"贡献了很多力量。"办证"的广告如此之多，也反映了"办证"的市场很大。"办证"的人们中，很大一部分都是办理假的学历证书，从而达到找工作、升职、加薪的目的。

"我们这里的价格不同，统招本科11000元，专科9000元；自考本科7000元，专科6000元。稍微贵点的是研究生证，需要1.5万元。"如果你把电话打到"办证"的人那里，会听到类似这样的声音。只要肯花钱，不但可以办到国内高校的学历，还要以买到方鸿渐"克莱登大学"等外国高校的文凭。各种文凭可谓五花八门。万把块钱，就能达到十几年寒窗苦读的效果，并带来一个全新的未来，谁不愿意呢？

任何一个有点常识的人，都知道办假证是不道德的甚至是违法的，但为什么还要这么做呢？很多人说是被社会"逼"的，在人才济济的今天，有学历的都很难找到工作，更何况没有学历的，不办假证怎么办呢？

从经济学角度看，办假文凭的火爆是由劳动力市场的需求决定的。在我国，学历和收入、职务等挂钩，对于新毕业的学生来说，学历还决定是否能找到一份合适的工作，所以有人才铤而走险——去买假的文凭证书。

很多公司在宣传自己的实力时都会列举：本公司博士后N名，博士N名，硕士N名，本科学历N名。几乎没有公司会把没学历的员工也列出来。这说明，劳动力市场更看好、也更需要有学历的员工、高学历的员工。

在很多时候学历也是一个人能力的证明，一个人的学历越高，懂得的知识就会越多，在通常情况下人们就会认为他的能力就越大。但真的就是真的，假的就是假的，假学历可能带来一时的荣誉和实惠，但终有一天会被人发现，后果会非常严重。

要想在劳动力市场中具有恒久的竞争力，需要具有创新的思维，不断地学习和进步，跟上时代的步伐。学历是一时的，能力是永久的，一个好的发展平台，更需要有能力的人。

为什么大学生就业工资越来越低

　　大学生就业越来越困难已经成为一个司空见惯的现象了。但是现在却出现了一种不正常的现象，大学毕业生的工资没有随着经济的发展而增长，反而越来越少了。据调查，在一些沿海比较发达的城市中，刚毕业的学生工资期望值居然只有800元。甚至有的人为了谋求一份先立足的工作，要求低到只要管吃管住就可以了。当然，这其中不排除有的人是因为看到自己所谋求的工作前景好，为长远打算"卧薪尝胆"，但是期望工资低却是事实。

　　这一现象在社会上普遍存在之后，除了引发了又一次的"读书无用论"的争论，又引起了人们对老板"黑心"压榨员工的挞伐。著名知青作家梁晓声曾写过一本书，叫做《中国社会各阶层分析》。在这本书中，他对"资产阶级"对工人的剥削进行了严厉的批判。其中他举了一个花被生产厂的例子。在这家企业中，一床花被的出口价格为150美元，但是厂长支付给工人的工资一个月却只有150元人民币。梁晓声认为工人工资如此之低，花被的价格如此之高，充分说明了资本家对工人的剥削，让人对企业主产生了恨意，而对工人充满了无比的同情。

　　经济学从来不以道德为标准来评判个人，人们的一切经济行为都是为了使自己的经济利益达到最大化。企业主不是慈善家，他开办工厂是为了获取经济利益，而工人去他的工厂里上班也是为了通过自己的劳动付出来获得一定的经济收益。可是为什么企业主给工人如此低的工资，工人却还愿意在他的工厂里上班呢？这其中便涉及到一个经济学问题，那就是工人工资的决定取决于哪些因素。从经济学上分析，劳动也是一种供求关系的"商品"。工人通过出卖劳动来获得工资，而企业主通过支付工资来获取劳动。劳动的供给与需求共同决定市场的工资水平，在供需达到平衡状态时的工资水平被称为均衡工资。

由此可见，工资的支付水平不是取决于老板赚钱的多少，而是取决于劳动的供需水平。如果劳动的供给量大于需求量，必然会因为工人之间的竞争而使企业主获益，既能购买到最好的劳动，还能得到相对低的价格；而如果劳动的供给远远低于需求，那么企业主就会花更多的钱购买劳动，而且还购买不到足够好的劳动。根据梁晓声的描述，这家工厂的所在地属于农村。在农村有很多剩余劳动力，远远超过他的工厂所需要的劳力。因此，在劳动供求关系中是属于供大于求的。所以，企业主能够以更低的价格购买到所需的劳动。在当时的农村，人均收入很难达到150元/月，而这种工作又是简单的劳动，没有多少技术含量，能够从事的人也就会更多，所以工资水平必然会降低。因此，1个月工资虽然只有150元，也完全可以招到许多工人。

在社会转型之前，中国之所以吸引到许多外资入驻，除了政策优惠之外，还有一个重要的原因就是原材料的便宜与劳动力价格的低廉。产品价格高，而成本低廉，尤其是工人工资低是企业主赚钱的主要原因。因为花被的生产并不是一种科技含量很高的劳动，如果市场进入者多，那么企业主就只有通过降低成本、降低工人的工资来提高自己的利润。从经济学上来讲，他的这种选择是无可非议的，而且是一种理性的行为。我们前面已经说过，企业主不是慈善家，他的目的当然是为了最大程度地获得经济利益，使自己的经济收益最大化。当劳动的供给远远大于需求时，以低廉的价格来购买劳动力是一种符合经济发展规律的行为。

从目前情况来看，之所以有很多工人愿意忍受企业主的"剥削"，不是因为他们没有别的地方可去，而是因为企业主给出的工资要比他们从事其他的劳动赚取的工资要多，也就是说，企业主给的工资能够高于社会同等劳动出卖的价格。由此可见，染晓声是从道德层面来对企业主提出批评，而不是从经济活动的规律上来解释出现这种情况的原因。

目前，虽然中国的教育水平远远低于西方发达国家的水平，受过大学教育的人越来越多，而与中国庞大的人口基数相比，大学毕业生的需求远远大于供给。但是，由于一些地区的大学毕业生待遇并没有提高，至少与大学生所花费的学费相比是不成正比的，所以毕业的学生大都集中于沿海经济相对发达的地区，或者各大中城市。再加上大学教育的滞后性，学科设置跟不上社会需求等等原因，造成了大学生的相对过剩。因此，出现了一种畸形的供给过剩现象。而根据供给与需求的简单关系，企业对大学生的估价自然会降低，也就自然而然地造成了大学生刚毕业时，对工资的期望值越来越低，所获得的工资也越来越低的现象。从经济学上来说，这是一种符合规律的现象，企业做出的这种决策正是遵循了市场发展的经济规律。

为什么制定最低工资法更会损害一些人的利益

2009年的广州《新快报》报道了一则消息：一名企业的人力资源主管去招聘，没想到应聘的大学毕业生自报薪酬仅1000元，招聘主管为此落泪，认为对大学生薪金的打压，看似是谋取了一时之利，实则伤害了社会的自尊，伤害了科学兴国之义，自毁了企业发展的前景。

这则消息在小范围内引起了反响。一些人认为，政府为职工制定最低工资法，是为了保障职工的基本权益不受侵犯。如今大学生的工资水平与其所拥有的知识与技能不相称，与其为获得知识所付出的代价不相称，有必要也为大学生制定大学生最低工资法。

而一则旧消息称：2007年8月，美国参议院否决了一项提升最低工资法的法案。这一法案还引起了美国共和党与民主党的又一次争论。提出法案的民主党认为最低工资早就应该提高了，他们提出这一法案的目的在于保护低薪工人的权益。但是否决了此法案的共和党人则说，提高最低工资最终可能会打击那些民主党说需要帮助的低工资人士。乔治亚州共和党参议员伊萨克森说："每次提升最低工资，都导致这些人中的一些失去工作。"

经济学家一致认为最低工资法增加了年轻人和不熟练工人的失业率。那么为什么旨在保护工人的最低工资法却导致了他们的情况更恶劣——失业呢？

很多人认为，福利来自于完善的规定和法律。要想提高生活水平，就要让政府规定，甚至立法，让最低生活水平有保障。但是从经济学上来说，人们的工资是由其生产力水平和社会中的劳动力供求状况决定的。市场的供需是劳动力价格的惟一决定因素，也就是说，最低工资不是用法规来硬性规定的，而是由市场的供给与需求来决定的。"最低工资法"是最典型的法定福利。制定这种法规的本意是好的，但是这种硬性规定却使低薪工人失业，低薪求职者再也找不到工作。

我们知道，并不是所有的工人技术水平都在平均水平之上，尤其是一些年轻人，他们甚至刚进入劳动力市场，根本没有技术与经验。如果这时规定了最低工资，公司在招聘工人时的成本就会增加，这就使得他们必然首先选择熟练工人，而不会去选择生手。在这种情况下，年轻人和不熟练的工人就会失业。

尽管最低工资法普遍得到了各国政府的青睐，但是最低工资法的失败却是显而易见的。经济学家斯蒂格勒在1946年发表的《最低工资立法经济学》中认为：为减轻贫困而制定的这种政策，不仅对减轻贫困起不了作用，而且还扭曲了资源配置。之后，越来越多的经济学家相信，最低工资法是政府人为干预劳动市场的一种方式，如果人为规定的最低工资高于劳动力市场上的均衡工资，就会减少对劳动力的需求，结果是失业人数反而增加。

此外，最低工资法的种种罪过还包括：许多事实上拿最低工资的工人如学徒工、临时工、兼职工人、家庭仆人等未被包括在最低工资法内；企业执行最低工资法在实践中也是个难题；还会鼓励资本替代劳动（企业会更有积极性采用节省劳动的新技术，比如用洗碗机替代洗碗工）；还可能会导致就业中的种族歧视或性别歧视。从经济学的角度来考虑，最低工资法是一种妨碍市场机制自发运转的行为，是违背市场经济的发展规律。

本文开头的招聘主管对此感到惊讶并为之落泪是从道德层面来看待这种现象的行为。而一些人因此便呼吁政府为大学生就业规定最低工资法的做法则是不理智的。如果政府颁布了这样的法令，则不仅不能帮助原本需要帮助的人就业，反而会使他们更难以找到一份可以安身立命的工作，更甭谈将来的不断发展了。

为什么企业里的"能者多劳"最终会导致"能者不劳"

20世纪初，美国汽车行业开始飞速发展时，汽车工人的流动性很强，给企业的稳定发展带来了压力。而且，劳动市场需求旺盛也在一定程度上助长了工人跳槽的选择机会。1914年1月，福特汽车的创始人亨利·福特开始向其工人支付每天5美元的工资。当时流行的工资在每天2~3美元之间，福特公司的工资远远高于均衡水平。求职者在福特汽车工厂外排起了长队，为争抢工作岗位几乎发生骚乱。很多人对此大为不解，认为福特可能是昏了头。但事实证明福特的做法是正确的。

有一份当时的调查报告显示：从1913年的最后一天以来，福特工厂的劳动成本每天都在下降。高工资提高了工人积极性，增强了企业的凝聚力，福特公司雇员的辞职率下降了87%，解雇率下降了90%，缺勤率也下降了75%。高工资带来了更高的劳动生产率，使企业的生产成本大幅降低。

福特公司所实行的工资机制就是效率工资。所谓效率工资是指企业支付给员工比市场平均水平高得多的工资，籍此促使员工努力工作的一种激励与薪酬制度。简单地说，就是指企业付给员工的高于市场平均水平，这样的工资能够有效地激励员工，可以提高生产率与企业经营绩效。这种机制能够鼓励员工努力工作，发挥自己的能力，能者多劳，多劳多得，使企业与个人都受益。为什么非如此不可呢？

因为"能者多劳，多劳多得"这个曾经鼓励人们努力工作，努力赚钱的口号，现在却已经行不通了，多劳不一定多得了，能者也就不愿意多劳。这到底是什么原因呢？

实际上，企业对员工的能力、素质及工作的努力程度不是完全清楚。这样就会使企业与员工之间产生一些不合理的工作问题。企业当然希望能够完全了解自己员工的素质，然后量才使用，但是其本身又无法通过考核等方式获取员工能力的所有信息。

因此，就会出现一些问题，不管员工的能力高低都有同等的待遇。这样必然会使有能力的员工感到不满，因为自己有能力，必然在工作上就需要多负责，但是自己的待遇却跟与自己能力相差很多的人相同。他们会因此越来越不满意，最后也不会再多劳，反正多劳也不能多得，何必多劳，最后出现了能者不劳的现象。对企业和个人来说简直是一种双输的局面。

那么应该如何解决这个问题呢？其实像福特那样做才会解决掉，那就是实行绩效工资。企业能够通过传递工资高低的信号来甄别人才素质的高低和工作努力程度：如果企业选择低工资水平，就会出现能力素质低的人员前来滥竽充数，可能形成"混同均衡"，不易区分人才的良荐；如果企业选择高水平工资（效率工资），就能把那些高素质的人才吸引过来努力工作，而那些素质低的人因不具备应有的素质以及承受不了工作压力，即使给他再高的工资，他也不会选择高水平的效率工资。企业通过这种方式就很容易地甄别出员工素质的优劣了。

此外，企业还能够通过效率工资的激励作用来提高自己的竞争力。因为企业设计了高水平的效率工资，高素质人才就不会选择企业所不愿意的行动（如偷懒或兼职）而遭到解雇，从而维持自己的最大效用，同时企业因工资提高而减少了对员工的需求。而企业的员工另谋职业的机会成本代价也会相应提高，这就激励员工在一个稳固的岗位上工作，这种双层作用激励机制会促使员工更加努力工作。由于企业实行了效率工资，对员工的总需求降低，从而真正降低了单位效率上总的劳动成本。所以，实行高水平的"效率工资"是理性企业的最优行动选择。

为什么工作干得时间久了就会感到很厌烦

2004年12月30日《北京娱乐信报》报道：根据中华英才网最近进行的一项6000多人的网络调查统计显示，有58.6%的受调查者出现了轻微的工作厌倦状态，即对工作不再抱有以往的热情；有26.5%的受调查者出现中度的工作厌倦，即需要借助休假或跳槽来进行自我调整；还有9.1%的受调查者则表示极度厌倦工作。

调查称，导致人们对工作感到疲惫的原因主要有以下几个：好好工作，却不一定能得到相应的回报；对企业内部的沟通状况不满意等。大多数人都希望通过自己积极的工作而得到单位的认可，其工作的成就感和工作劳动成果得以实现。但如果一个人今年是这样，明年还是这样，不管怎么干，都是在原地踏步的话，那么他的积极性、创造性都将受到打击，其对工作的热情也将受到极大的挫伤，其失败感、挫折感、厌倦感将进一步加大，长期下去，必然对其成长进步的信心和信念产生动摇。

专家给人们开了一个处方：平时就要乐观、宽容，学会排解苦闷和进行宣泄，学会转移。当对工作感到极度厌倦时，不妨休假几天，放松放松。

话是这么讲，但实际操作起来，还必须因人而异。因为每个人的特点和具体情况都有所不同，不可能强求一个模式。但这一调查结果还是令人震惊。因此，有关部门还是要把更多的精力用在关注这些问题上，用在对这部分人心理的研究与调解上。当然，除了调整好厌倦工作的心态之外，还应认真分析造成这一问题的根源，反思我们在体制等方面拿出什么举措才能够加以调整，并积极应对。

热爱是最好的老师，只有热爱自己的工作，热爱自己所从事的事业，才能在本职工作岗位上作出突出的贡献。如果我们一个单位的94.2%人都厌倦了工作的话，这对于当事人来讲，是一个悲剧，那么对于整个社会而言，又何尝不是如此呢？我们希望有关部门能够及早地把这一问题提到议事日程上来，加强调查研究，切实拿出一些解决问题的措施和办法来，对我们这些普通人的工作状态、生活状况、精神需求等方面给予更多的关注，从而有效地排解和调整好他们的心态。

边际效用递减：消费者消费某种物品实际上就是提供一种刺激，使人有一种满足的感受，或心理上有某种反应。而在消费某种物品时，开始的刺激一定大，从而人的满足程度就高。但不断消费同一种物品，即同一种刺激不断反复时，人在心理上的兴奋程度或满足必然减少。或者说，随着消费数量的增加，效用不断累积，新增加的消费所带来的效用增加越来越微不足道。

有关部门真的能够拿出切实可行的方针来解决这一问题吗？也许未必，因为对工作的厌倦并非全是工作的原因，与人的本性有很大的关系。用经济学来解释，就是边际效用递减。所谓"边际效用递减"就是指在一定时间内，在其他商品的消费数量保持不变的条件下，随着消费者对某种商品消费量的增加，消费者从该商品连续增加的每一消费单位中所得到的效用增量即边际效用是递减的。通俗地讲：当你极度口渴的时候十分需要喝水，你喝下的第一杯水是最解燃眉之急、最畅快的，但随着口渴程度降低，你对下一杯水的渴望值也不断减少，当你喝到完全不渴的时候即是边际，这时候再喝下去甚至会感到不适，再继续喝下去会越来越感到不适。

对于工作也是如此，几乎所有的人在工作之初都抱有极高的热情，但是就像喝水一样，当工作到一定的时间与程度之后，就会达到一个临界点，也就是边际，之后如果还做同样的工作，那就会产生厌倦的情绪，这便是工作中的边际效用递减。即便是做自己兴趣极大的工作也是如此。边际效用递减规律是普遍存在而且难以消除的，无论是谁都会对工作产生厌倦情绪，但是有的人能够合理地调整自己的情绪，能够使自己以一种更加饱满的态度去工作，而有的人则一直消极应对，很难调整好情绪。总之，任何人都会对工作产生厌倦情绪，关键是看自己如何去对待这种情绪。

▥ 为什么纯手工制作的商品比机器批量生产的价格高

2010年5月15日，当南京游客邹佳珺走进上海世博会意大利馆时，她完全没有想到，一份意大利馆精心准备的礼物——价值数千元的菲拉格慕手工皮鞋，竟然送到了自己的面前。与邹佳珺同样幸运的还有另外9名观众。在同一天的时间里，意大利馆共送出了10件礼物，除了皮鞋之外，还包括皮夹、皮包、头饰、香水等。邹佳珺有幸获得本次意大利馆现场展示的手工皮鞋的幸运儿。15日是意大利馆手工皮鞋制作展示的最后一天，来自意大利佛罗伦萨的两位手工皮鞋制作师为游客制作了闻名世界的意大利手工皮鞋。据悉，这双皮鞋的市场价格大概在6000元人民币左右。

意大利手工皮鞋是闻名于世的，《纽约时报》曾刊登过一张照片，图中数十双意大利手工皮鞋是赞比亚前总统弗雷德里克·齐卢巴贪污公款的罪证。为了这些动辄上万美元的手工皮鞋，这位前总统不惜犯险贪污公款，上演了一出我为鞋狂的戏码。

但是令中国人不解的是，为什么手工皮鞋会这么贵，一双都要数千元，甚至上万美元呢？有人认为手工皮鞋除了有冬暖夏凉、排气透汗、平衡正负电荷、环保健康的性能之外，还有如下优点：

（1）天然材料，面皮采用优质小牛皮等。

（2）中底和大底采用缝制结合，保证天然牛皮的充分透气。

（3）制作过程所用材料全部是天然材料，更加环保健康。

（4）手工皮鞋的制作需要20名专业技师、306道工序完成。

（5）每一道工序都是一针一线手工操作完成，制作过程复杂，工艺精湛。

（6）在制作过程中还要请客人反复试鞋，以达到鞋脚合一。

（7）手工皮底鞋穿用一定时间后，中底会自然形成与脚趾相适应的脚窝，真正达到鞋脚合一。

手工皮鞋的确有一些机制皮鞋不能比拟的优点，但是其价格与机制皮鞋相差如此之大却不是这些优点就能够解释的。退一步说，手工皮鞋的价格高是因为它有以上的优点，那么其他的一些手工制作商品为什么也会比机制的价格高出很多呢？除了人们所谓的精工细作，材料更好之外，还有其他的原因吗？多数人认为，应该没有其他的额外成本在里面，除去品牌的优势之外，价格不应该上千上万的，不应该如此之高。

其实人们忽略了一个非常重要的原因，那就是劳动力的成本与技术成本。众所周知，手工制作当然全部是由人来制作了。据说一双皮鞋的制作过程是非常复杂的，而且需要用很长的时间才能制作完成。有一个真实的故事说，有一个意大利商人到一家手工皮鞋作坊去取自己一周前订做的皮鞋。但是鞋匠跟他说鞋子还没有做好。商人很生气地说，上帝用七天就把世界造好了，你一双鞋子七天都没有做好。鞋匠看了商人一眼，跟他说：你看看窗外的世界是多么地脏乱，而再看看我做的鞋子是多么地精美。商人无言以对，只好答应再等一周的时间。

手工制品并不是所有的人都能做，只有技术好的人、真正有手艺的人才能成为个人的佼佼者，也才能生存下去，就像上述故事中的鞋匠一样。因此，手工制品是需要一定的技术成本的，越是技术精良，其索要的价格就越高。同时因为是手工制作，需要一个人付出许多的劳动力，也因此而使成本增加，进而会影响到商品的价格。

总之，纯手工制品的价格高于机器生产的商品除了因为手工制作的商品选择的材料更好，制作的商品更人性化一些之外，价格过高主要与其劳动力成本与技术成本有关。

难道失业了不马上工作就是浪费

我们总认为失业了，不马上去工作就是浪费。可是事实果真如此吗？也许并非如此。人们真的是找不到工作吗？也许并非如此。实际上，现实中的工作不是不够，而是太多了。因为世界上的商品和服务总是不够，所以可做的工作总是太多。那为什么还有那么多人失业？因为人们计较报酬。当报酬太低时，人们就宁愿失业，因为失业更合算。当然，怎样才算"报酬太低"，各人有各人的标准。但不管是谁，失业都是个人"计较"的结果，都是主观的选择，而不是被动的接受。所有失业都是自愿的。

当然失业的原因是市场对劳动力的需求发生了改变。原来有需要的一些工种，后来不需要了，找不到买家了，这才是失业的原因。企业会因此而裁员，矫正"过去的决策"。由此可见，失业不是浪费，而是一种矫正过程。无论是寻找新的工作，还是重新培训自己，都需要时间和费用。如果硬要消灭失业现象，那么只要一遇到工作就干，肯定人人都能找到工作。但是这样就很难碰上合适的工作，大家的潜质就很可能被埋没。

政府对失业者发放救济，有助于人们"失得起业"。但是，"政府失业救济"有别于"政府创造就业"。政府的失业救济是把钱财直接交给失业者，让他们生活下去，并寻找报酬得当的工作。失业救济是一种投资，失业者可以靠这笔投资来寻找更好的工作，并靠这份好工作来偿还失业救济的成本。但是政府创造就业，则是政府为了消灭失业现象，开办本来不需要的项目，招聘本来不需要的劳动力，让他们从事本来不需要的工作。这一切只是为了"购买"一个发放救济的借口。大量的钱财消耗掉了，但只有一小部分落到了被救济者手上。

每个失业的人都需要一段重新求职的时间。较富裕的人，可以动用储蓄来维持生活；而较穷困的人，则需要救济。人人都希望自己"失得起业"。"失不起业"才可怜，那意味着必须"一遇到工作就干"，没有喘息的机会。

由此，我们可以得出一个结论，失业不是浪费，而是一种个人自愿的矫正过程。人人都有可能选择错自己的职业，或者在职业过程中对自己的职业规划进行新的预测，会因此而选择性地自愿失业，或者另谋高就，或者再去充电学习。但是无论哪一种选择都是需要付出一定的时间的。另谋职业肯定需要一定的时间去寻找，而要进行充电学习，也更需要时间，因此就必然要面临着失业的问题，而这种行为不是浪费，只是一种为了得到更高收益的成本的付出而已。

ⅢⅢ 为什么清华大学的毕业生要比其他学校的毕业生抢手

　　清华大学的一般毕业生和其他一般高校的拔尖学生比，其水平不一定高，但在人才市场上，用人单位大多选择前者。一对夫妇要搬新家了，他们决定换台新的电视机。于是到了家电商场，结果一看，同样29寸彩电，价格相差很大，有的4000多元，有的2000多元，但很多人买的并不是价格便宜的，而是选择价格高的名牌产品。这个现象让这对夫妇很困惑，于是请教朋友。在他们的朋友中，有几位是家电的内行。据他们讲，国内家电特别是电视产品质量相差不大，用的都是进口显象管。

　　那为什么人们选择价格高的呢？在产品质量相同的情况下，这种选择显然是不理智的。仔细想一下，这一状况在不同的场合、不同的领域都可以见到。这种并非由产品质量而是由其他因素引起的排斥现象，被称为经济领域的歧视。

　　人们对产品质量的认识并不是通过实践得来的。在人才市场上，由于各校的评分标准不同，用人单位很难根据各校提供的学习成绩单对学生进行评估和比较，只能根据社会对毕业学校的认识和统计结果来选择学生。大量统计资料表明，清华大学毕业生平均生产率比其他一般高校高，因此他们便青睐于选择清华的学生。

　　当歧视扭曲了某些团体的工作努力和人力资本投资激励的时候，它将有害于经济。歧视的损害效果首先表现在商品和劳务的供给者上，他们花费同样的成本，生产出同样质量的产品，却无法按同样的价格卖出去，甚至根本卖不出去。

那么歧视对购买者是否有利呢？得出的结论应该是否定的，因为购买者购买同样质量的产品却要花费更多的钱，最为可悲的是绝大多数购买者没有认识到这一点，反而乐此不彼。

商品的歧视迫使被歧视的企业花费大量的精力和费用去做广告，宣传自己的产品，企业的成本大大增加。因此，虽然企业的品牌建立起来了，但它们的成本都追加到了消费者身上，因此那些名牌彩电能卖得更高。一旦成为名牌，自然就有了名牌的价格，也就有了高昂的利润。

同样地，清华大学在中国也已经形成了其品牌优势，所以人们在选择员工时，当然会先选择清华大学的毕业生，虽然是盲目的，但也有其经济学道理，而且通常情况下不会选择错误。

第六章

越有保险越不安全——行为经济学

为什么越是有了保险，人们却更容易出问题？

为什么一些店家总拿出两款商品让人比较？

两家同样货源的水果店，为什么生意一边冷清一边火热？

为什么有的人拿着LV包来挤公交地铁？

为什么没有人能够做到"绝对理性"？

可口可乐对百事可乐是爱还是恨？

工作时间越长赚钱越多吗？

为什么明知闯红灯可能会发生车祸，还是有很多司机故意违章？

为什么有的人赚到1500万居然不如1000万更开心？

为什么你总是被引诱购买本不需要的东西？

同样是100块钱，差距怎么就这么大呢？

这些现象我们在日常生活中貌似是见怪不怪，可是又总是觉得很奇怪，不知道为什么会出现如此出乎意料的事情。其实在现实中还发生过一件更令人惊讶的事情：2002年的诺贝尔经济学奖颁奖居然颁发给了一个不仅不是经济学家，而且根本没专业学习过经济学的美国心理学家卡尼曼，这简直太令人震惊了。但是所有的经济学家又认为是合情合理的。这又是为什么呢？

要解释这一切，只要我们懂得经济学的另一分支——行为经济学即可。行为经济学又称为"心理学的经济学"或"心理学和经济学"，就是在心理学的基础上研究经济行为和经济现象的经济学分支学科，其核心观点如下：对经济行为的研究必须建立在现实的心理特征基础上，而不能建立在抽象的行为假设基础上；从心理特征看，当事人是有限理性的，依靠心理账户、启发式代表性程序进行决策，关心相对损益，并常常有框架效应等；当事人在决策时偏好不是外生给定的，而是内生于当事人的决策过程中，不仅可能出现偏好逆转，而且会出现时间不一致等；当事人的这些决策模式和行为特征通过经济变量反映出来，结果市场有效性不再成立，各种经济政策需要重新考虑。

再愚蠢的人也会分辨出1升与1.5升的区别。但是如果将冷饮装在不同的容器里，那就不是谁都能分得出来的了。经济学家奚恺元就此事做了一个实验，其主要内容是，现在有两杯冰激凌，一杯冰激凌有7盎司，装在5盎司的杯子里面，看上去快要溢出来了；另一杯冰激凌是8盎司，但是装在了10盎司的杯子里，所以看上去还没装满。你愿意为哪一份冰激凌付更多的钱呢？

如果人们喜欢冰激凌，那么8盎司的冰激凌比7盎司的多，如果人们喜欢杯子，那么10盎司的杯子也要比5盎司的大。可是，奚恺元的实验结果表明，在分别判断的情况下，人们反而愿意为分量少的冰激凌付更多的钱。如果理性的话，人们不会愿意花2.26美元买装得很满的7盎司冰激凌，而是应该用1.66美元买装得不满的8盎司冰激凌。然而实验表明，人们更愿意花更多的钱买看起来装得更满的7盎司冰激凌。这是由人们的心理作用造成的。因为杯子小的看起来满，容易让人以为是更多的，而杯子大，虽然装得多，可是装不满，容易使人产生这种谬误。因此人们就会更容易去选择购买杯子满的，结果引起了不理性的行为。

当人们在进行经济活动时，考虑到以前发生过的事情从而谨慎地做出选择与决策是正确的、理性的，但把一些看似正确，并容易产生极强的个人印象的事情看成是正确的，则是非常不理性的。这一心理学现象使人们的经济行为变得欠缺理性。由此可见，人们的经济行为都是受心理作用影响的。

其实亚当·斯密早在《道德情操论》中，就已经论及诸如"损失厌恶"等个人心理，并注意到个人心理对经济现象的作用，但是人们一直没有重视心理的作用。直到20世纪70年代，心理学家卡尼曼和特维斯基发表了一系列震撼人心的研究成果，通过吸收实验心理学和认知心理学等领域的最新进展，把心理学和经济学有机结合起来，激发了其他行为经济学家把相关研究领场拓展到经济学的各主要分支，从而形成了真正意义上的"行为经济学"流派。这时人们意识到心理学对经济行为的影响，所以才将诺贝尔经济学奖颁发给了心理学家。

在今天的我们看来，行为经济学可以说是无处不在的，因为人们的一切经济活动都需要以其经济行为表现出来。我们的一切心理行为都会影响到我们的经济行为，而我们做出的任何决定都是有其心理原因的，甚至于从某种意义上说，行为经济学就是经济学本身的另一种解释。

为什么越是有了保险，人们却更容易出问题

"在看我，还在看我，怎么一直在看我。再看我，再看我就把你喝掉！"这是旺仔牛奶的广告词。广告中一个卡通小男孩发现了桌子上有一罐旺仔牛奶。其实自己一直想喝，但是却又不想承认，于是便将"罪过"推脱到易拉罐上的卡通儿童身上。

美国心理学家菲利普·辛巴杜1969年曾经做过一个"偷车实验"，将两辆一模一样的轿车分别放在一个环境很好的中产阶级社区和环境比较脏乱的贫民区，结果发现贫民区的车很快被偷走了，而另一辆几天后仍然完好无损；后来他将中产阶级社区的那辆车的天窗玻璃打破，几个小时后，那辆车也被人偷了。从这一实验中，他得出一个心理学结论：人们容易受引诱和心理暗示的影响而做出原本可能不会做的举动。

小孩之所以喝牛奶是因为有一罐牛奶放在桌子上，中产阶级社区的车之所以被偷走是因为这辆车的玻璃破了，很容易被偷走。因为受到了暗示，所以就会出现这两种状况。

纽约虽然是全世界最有名的现代化城市之一，但是它也以脏乱差闻名，环境恶劣，犯罪猖獗，地铁的情况尤为严重，是罪恶的延伸地，平均每7个逃票的人中就有一个通缉犯，每20个逃票的人中有一个携带武器者。1994年，新任警察局长布拉顿开始治理纽约。他从地铁的车厢开始治理：车厢干净了，站台跟着也变干净了，站台干净了，阶梯也随之

整洁了，随后街道也干净了，然后旁边的街道也干净了，后来整个社区干净了，结果最后整个纽约成为全美国治理得最出色的都市之一。

败德行为

又称道德风险，一般指一种无形的人为损害或危险。它亦可定义为：从事经济活动的人，在最大限度地增进自身效用时，做出不利于他人的行动。近年来，这个术语已经引伸到现实经济生活中的诸多领域，成为微观经济分析的一个重要概念。并且它已与道德本身没有多大关系，泛指市场交易中的一方难以观测或监督另一方的行动而导致的风险。

在经济学上有一个名词叫做"败德行为"，又称道德风险。简单地用事例来解释，就是指一个人参加保险之后，就会导致思想上的麻痹或依赖保险的心理，反而降低了防止风险的努力程度。以自行车失窃为例，假设所有的消费者居住区失窃的概率都相同，保险公司在确定费率时，必须考虑到使消费者不得不采取适量提防行动的激励。因为如果不能得到保险，消费者就会尽量采取提防行动的激励，不能买到自行车失窃保险，全体骑车人就会大量使用昂贵的车锁。在这种情况下，个人承担了全部费用，需要对提防进行投资，直至采取更谨慎的措施。然而，保险公司就不会得到这方面的收益，所以保险公司不会采取这样的行为。而如果消费者能够买到自行车保险，那么由自行车被盗造成的个人费用负担就会变得很小。自行车失窃，个人只须向保险公司提出报告，然后就能拿到新买一辆自行车的保险金。但是，在这种极端的情况下，由于保险公司对自行车失窃的个人实行全部赔偿，个人将完全不会采取

提防行动。

对于其他事情也是如此，这种缺乏采取提防行动的激励的情况叫做道德危险。保险太少，意味着人们承担很多风险；保险太多，则意味着人们采取不适当的提防。这与"偷车实验"本质上是相同的。因为车窗破了，就暗示有这种行为的人去偷。而因为有保险了，就暗示人们不必对自行车进行防盗措施，车就更容易被偷。

因为有了保险，人们反而故意放松了警惕。所以，一些西方经济学家在强调市场激励时，认为人们投入医疗保险虽然是一种理性的行为，但是这并不意味着不应该施加限制，也就是说，个人应该在某些情况下约束自己的行为，而不是听之任之，或者故意放纵。这样就能够避免因为有了保险而更容易出事的现象出现。

为什么一些店家总拿出两款商品让人比较

你喜欢旅行的话，也许会遇到以下情况，年假时你想去旅行，根据你的预算，旅行社提出两个方案：澳洲五日游和巴黎五日游。这两个计划看似都不错，但也都有缺点。该选哪一个呢？还是该换一家旅行社呢？你很为难。于是，旅行社又给了你一个选择：伦敦三日游。这个方案和巴黎的那个很接近，但天数要少，而且你对伦敦的喜爱也不及巴黎，所以你能很轻易地否定了它。但这不是最主要的，最主要的是，你会受这个伦敦方案的影响。心理学家通过一项研究证明，大多数人会受伦敦方案对比的影响，从而迅速趋向于选择巴黎方案。

这看似有些不可思议，一个本身没有吸引力的方案，为什么会影响到人们的购买选择呢？人们曾经普遍相信所谓的"调和原理"，也就是说，当一个新选项引进时，可能会分走原有选项被选中的机会。但是，1982年，人们通过实验证明，这个原理在较复杂的选择中不成立。违反这个原理的现象，就被称为"诱饵效应"。也就是说，因为新选项（诱饵）的加入，原有的选项会更具吸引力。

实际上，这种现象在生活中屡见不鲜。聪明的店家都非常懂得运用"诱饵效应"。例如，当你走进一家家居用品店时，店家给出一款高档的水龙头，向你介绍它的种种优点。你开始皱眉毛了，心里直嘀咕：怎么就这么贵呢？店家看出了你的心理，于是立即拿出几款其他的、更便宜的水龙头给你参考。毫无疑问，那几款水龙头价格相对较低，但与最初的那款相比，无论是质量、档次、外观，都要逊色不少。结果，本来想换家店去看的你，这时反而想买下这款高档的。因为有对比才有鉴别，你突然觉得：怪不得它卖得这么贵，原来真的有贵的理由啊！你开始觉得价格的原因不在于店家，而在于产品自身的差异，对不对？

生活中，我们会发现许多这样的奥妙。比如，原来卖不出去的烤箱，只要放一个更大的、价钱更贵的在旁边，马上就能得到青睐；比如，原来无人问津的黑珍珠，放到纽约第五大道的橱窗里，在标上超高的价格，居然让人们趋之若鹜。

人们在选择购买商品时，需要考虑多个参数（比如价格、性能、外观、可靠性等），而每款商品各有长短。这时往往难以取舍，拿不定主题。此刻，如果加进一个"诱饵"选项，在各方面都比原来的目标差（但与其他竞争者相比，则各有长短）。那么，这个"全面压倒"诱饵的商品，就会更有吸引力。例如我们最开头举的那个例子：巴黎方案就是"全面压倒"了伦敦方案。

《怪诞经济学》的作者也在他的书中举了这样一个例子：

《经济学人》杂志在网上做了一则广告，内容是这样的：花59美元可以购买电子版，在网上阅读；花125美元可以买印刷版；印刷版加电子版套餐，价格为125美元！

这个广告内容，是不是看起来有些不正常？你是不是怀疑设计广告语的人脑子短路了？印刷版为125美元，而印刷版加上电子版，同样为125美元。你可能会说，这两条广告语摆在一起，傻瓜才会选第二种，人人都知道，第二种不会有人选，有必要把第二条加进来吗？

当然是有必要的，其实设计这个广告的人只是把这第二条选择，即"花125美元可以买印刷版"作为诱饵，让人跳过电子版，直接购买第三条——电子版加印刷版。是这样吗？尽管你不能判断，59美元的电子版是否比125美元的印刷版好，但你肯定知道，125美元的套餐比125美元的印刷版好。事实上也确实如此，这位作者在麻省理工学院的斯隆管理学院请100个学生选择，结果是：16人选了电子版，无人选择单独的印刷版，84人选了电子加印刷版套餐。

这些MBA们都是些精明透顶的家伙，却仍然受了"诱饵"的影响。

广告人将诱饵去掉，即去掉第二项项目，只留下第一项和第三项供人选择。结果，选择59美元电子版的从原先的16人增加到68人，而且选择125美元套餐的下降到只有32人。

这就是诱饵的威力，它会左右人们的购买决定，将人们的注意点转移到店家目标和"诱饵"两款商品的比较上，而忽略自身的需求。例如上面那个例子，对于许多人来说，看电子已经足够，根本用不着印刷版。但由于加进了"诱饵"，人们做出了非理性的选择。

而且，"诱饵"并不需要真的存在，只要人们在决策时考虑到它就行了。在行销中，有这样一种"幽灵诱饵"，让人更容易掉入陷阱。比如，有些旅馆会把已经订掉的房间拿去作广告，产品还没有上市，公司就开始宣传等。还有"降价促销"中，其实也有幽灵诱饵的成分：店家会反复向你强调"原价"，其实那也是一个诱饵。

虽然诱饵效应已经被证明是很普遍的现象，但其原因仍然是个谜。爱因斯坦曾这样解释相对论："你同最亲爱的人坐在火炉边，一个小时就像只过了五分钟。当你一个人孤单地坐在热气逼人的火炉旁时，五分钟就像是过了漫长的一小时。"

这虽然是玩笑话，但却指出了心理学中的一个重要现象：我们选择时，所选取的参照系非常重要。比如，我们买5元钱的洗衣粉时，愿意为了省几毛钱而跑到较远的超市。而买500块的西装时，几毛钱根本不考虑了。

心理相对论真的是无处不在，它也是导致人们非理性消费的因素，而且它通常是隐性的，很容易让人上当。那么有没有方法避免呢？最好的方法，就是设定一个科学、固定的参照物。比如，你要买衣服时，不要盲目听取商家嘴里的"原价"，也不要去和那家店里的其他衣服作比，而是跟你心目中非常熟悉的衣服相比，跟你的心理价位相比，去判断值或不值。

两家同样货源的水果店，为什么生意一边冷清一边火热

很多时候，我们经常会发现一些看似十分奇怪的现象：有两家商品质量差不多的水果店，有一家的生意非常好，而另一家的生意却很冷清。甚至在一家店门前排了很长的队，而另一家店门前没有几个顾客。人们宁可花费时间去排队，也不愿意去另一家进行同样的消费。这是为什么呢？

再比如，从北京开往唐山的长途客车票价为60元，车辆即将出发，因为车多，所以很多车上还有不少的空位。这时匆匆跑来一个旅客要求以50元的价格坐车。第一辆车的售票员不假思索就拒绝了。他又转而去找第二辆车，而那位售票员则不假思索就让他上车了。

从经济学上讲，第二辆车的行为被称为"边际效用"。所谓"边际效用"简单地说，就是指每一新增单位的商品或服务带来的效用。人们从对产品效用的主观心理估价引出价值，认为价值量取决于边际效用量，即满足人的最后的也就是最小欲望的那一单产品的效用。

乍一看，第二辆车的做法亏了，因为他允许这名乘客以50元享受了60元的客运服务。可是如果仔细想想则正好相反。第一辆车的售票员考虑的是票价的问题，因为服务是60元的不可能以50元给乘客提供。而第二辆车的售票员考虑的则是边际成本与边际收益的问题。对于客车来说，边际成本是增加每一单位的乘客所增加的成本。增加一名乘客，所

需付出的汽油、过路费、工作人员工资和汽车磨损都不会增加。因为车马上就要开了，车上的空位闲着也是闲着，如果能够多拉一个乘客是赚钱的话，那么拉一个是理性的。对汽车来说，多拉这一个乘客所付出的边际成本可能只有一两块钱，而边际收益是这位乘客的票价。因为增加一名乘客的收益远远大于其付出的成本。所以，让这名乘客上车就是合适的，是理性的决策行为，而不让乘客上车的行为则是不理性的。（当然，允许这位乘客以50元的票价乘车这一事实，最好不要让那些花了60元买票的乘客知晓。）

再比如要开一家工厂，在使用现有设备的情况下，雇用10个工人，每天能够共生产产品100件。在设备没有变化的情况下，如果把工人增加到11个，产品增加为110件。增加1名工人引起了10件产量的边际量。假如工人的工资每天为20元不变，当增雇一个工人时，工资增加20元，如果不考虑原料，这20元就是生产的全部成本，增加一个工人的边际成本为20元。如果每件产品价格为3元，增加一个工人的边际量为10件，边际收益等于边际产量乘价格就是30元。边际收益大于边际成本，增雇一个工人显然是有利的。反之，如果边际产量在10件以下，或价格低于2元，即边际收益小于边际成本，增雇一个工人就是不利的。这也是为什么有的工厂并不愿意扩大规模的原因之一。

知道了边际成本与边际效用，我们再回头来看本文之初提出的问题。在路边两家同样货源的水果店里，当我们去买水果的时候，之所以发现一家比另一家的生意红火，并不是这家水果店比另一家的水果质量更好，往往是因为这家店的老板无形中运用了边际效用这一原理。他给顾客提供了更周到的服务，比如多给顾客一点水果，或者少收几毛的钱。而另一家之所以生意冷清则可能是太缺乏这种人情味的原因。

为什么有的人拿着LV包来挤公交地铁

报纸上曾经报道，上海有些女白领，挤公交却背几万块的LV包，这些都是现实生活中真实存在的现象。国内有位营销专家在他的书中就曾经写道，他的一个朋友，自从买了一块几十万块的名牌手表后，就有些不自在了，看人的眼神就不一样了，有事没事都把手腕露出来看看时间。并且还说，平常请客吃饭时，是一定要追求档次，而自己一个人出差，就不那么讲究了，买块肉夹馍边走边吃就可以了。

这就是"炫耀性消费"，它是人的一种共性。炫耀性消费又称凡勃伦效应，它是指消费者对一种商品需求的程度因其标价较高而不是较低而增加，即商品价格定得越高越能畅销。它反映了人们进行挥霍性消费的心理愿望。这个理论最早由美国经济学家凡勃伦提出，并成为经济学中的一个不朽术语。它又称"显眼的消费"、"装门面的消费"、"摆阔气的消费"等。凡勃伦解释说，社会上的有闲阶级，总想通过生活上的炫耀来表现自己的阔气。例如，穿着要华丽，住所要装饰得富丽堂皇，首饰要豪华名贵等。因为这些消费可以显示自己的身份、地位，从而能受到社会的尊重。

托斯丹·邦德·凡勃伦

凡勃伦的主要著作有《有闲阶级论》、《营利企业论》、《德帝国与产业革命》、《近代不在所有制与营利企业》。其中《营利企业论》产生于芝加哥大学执教时期，论述了当时的"现代资本主义"。该书在某种意义上说是凡勃伦的《资本论》，它从企业与产业两个方面来剖析资本主义体制，站在保守的改良主义立场，迎合好战的君主制，排斥社会主义，哀悼行将衰亡的营利企业。他依据德国历史学派的发展阶级概念，批评了适用货币经济——亚当斯密以后今日经济学主流所犯的时代错误，提出了股份资本论。其中所提出的大量命题，奠定了制度学派的基础。

放眼看下我们周围，这种炫耀性消费比比皆是。长沙有媒体曾报道，一套售价高达99998元的西服，在某品牌专卖店露面，是目前全国标价最高的服饰，虽然价格昂贵，却马上就有人订购。类似这样的现象还有许多，房子越贵越有人买，从1万一桌的宴席到36万元一桌的豪宴，富豪们互相攀比摆阔。法国的奢侈品在中国的销量，超过在世界其他地区的总和。这样看来，自古就爱面子的中国人，在炫耀性消费上都有些"闻名于世"了。

炫耀性消费不仅仅出现在成年人当中，也普遍存在于青少年群体中。一项针对北京、上海的青少年调查显示，对名牌表示"喜欢"的占49%；对名牌专卖店表示"非常喜欢"的占7%，"比较喜欢"的占28%，"一般"喜欢的占51%，"不太喜欢"的只占12%。可见，青少年的炫耀性消费丝毫不落后于成人，很多年轻人都视名牌为时尚，韩国媒体还曾报道过"年轻人租名牌衣服去约会"的新闻。

凡勃伦还提出了这样的理论：一旦价格下跌，炫耀性消费的效用就降低了，它的需求量反而会减少。也就是说，对于这类炫耀性的产品，越便宜，人们还越不爱买。比如说，同样的手机，他20万买得很乐意，可是如果你1万块卖给他，他也许看都不会看一眼。为什么？因为降价后的物品，只剩下实际使用功能，不再有炫耀性的功能。

美国一位社会心理学家认为：人们在选择服饰或行为时，尽管舒适与方便常常是一种理由，但绝不是左右时尚变化的最终原因。人们追求时尚，从根本上讲，与其说是从外在的、实用性的角度考虑，不如说是追求内在的、心理的感受。

现代社会，不管你承不承认，所有人都有着不同程度的炫耀倾向，这可能是生物进化的产物，是人性的必然。因此不能将它一棒子打死，它是有其积极作用的，当然也有消极作用。从根本上讲，炫耀是不可能被铲除和灭绝的。人都渴望证明自己，获得他人的尊重，这是人的一种社会心理需要，无可厚非。从宏观上讲，炫耀性消费有利于启动市场，拉动消费。它还能增加国家税收，平衡收入差距。

但炫耀应该把握一个度。消费要与自身的文化内涵相匹配，盲目追求炫耀创造社会认同，是消费观念不成熟的表现。违背自身风格的炫耀性消费，不仅难以得到他人的认可和尊重，反而让人嘲弄和看不起。同样的物品，不同的人使用，给人的感觉是完全不同的。譬如，经常有人议论，某某人硬是把顶级品牌穿出了山寨的味道，就是人们对不合理的炫耀性消费的一种嘲弄。

通常人们都认为，炫耀性商品带来的是独特的设计和风格、高品质、高品位、昂贵的价格等，但人们往往忽视了，它还包括积淀的独特文化内涵和见解。倘若不了解这点，就纯粹成为一种炫耀的符号了。

更严重的是，炫耀性消费使人们价值观扭曲，当一个人将攀比与炫耀看得过重时，他会逐渐丧失自我，忽视内心的真实感受，会活得很累，丧失许多唾手可得的幸福与快乐。必须承认，适当的炫耀是必须的，那是你赢得尊重和机会的第一张门票。但过度的炫耀就有些自欺欺人了，正如同知名企业家李践在他的一书中所说的，如果你是一个拥有20个员工的公司老总，即使你带再多的人出去，也同样掩饰不了这个事实，不过是徒劳地增加成本罢了。所以说，消费一定要量体裁衣，要多关注自己内心的感受，而不是别人的看法。

为什么没有人能够做到"绝对理性"

在一次演讲会上，一位著名的演说家上台之后，没说一句话，手里高举着一张崭新的20美元钞票，问听众："谁要这20美元？"所有的人都举起了手。他接着说："在我把这20美元送给你们其中一位之前，请允许我做一件事。"说着他将钞票揉成一团，然后问："谁还要？"有些人把手放下了，见状他又说："那么，假如我这样做呢？"他把钞票扔到地上用一只脚碾它，之后他捡起那张变得又脏又皱的钞票，又问道："现在谁还要？"这时只有几个人举起了手。演说家说："朋友们，你们已经上了一堂很有意义的课。无论我如何对待那张钞票，你们还是想要它，因为它并没贬值，它依旧值20美元。人生路上，我们会无数次被碰到的逆境击倒、欺凌甚至碾得粉身碎骨。我们觉得自己似乎一文不值。但无论发生什么，或将要发生什么，在上帝的眼中，你们永远不会丧失价值。在他看来，肮脏或洁净，衣着齐整或不齐整，你们依然是无价之宝。"

当钞票被揉乃至被碾之后，许多人便不想要了。但钞票不会因为它的脏皱而贬值。由此可见，人的理性是有限的，人不可能永远是理性的。但是经济学家在进行经济研究时，却是首先假设人是理性的。"理性人"（也称为"经济人"）假设是经济学的基础理论。经济学家认为，指导人们行为的准则不仅仅是追求一般的自身利益，而是追求最大化的自身利益。为了达到这一目的，人们的思考和行为必须是理性的。大卫·李嘉图对经济人有如下的假设：社会是由一群群无组织的个人组成的；每个人以一种计算利弊的方式为个人的利益而行动；每个人为达到这个目的，尽可能地合乎逻辑地思考和行动。他所说的尽可能地合乎逻辑意思就是理性人假设。

在经济学家的眼里，人都是不懈地追求自身利益最大限度满足的理性的人。显然，经济人以自身利益的最大化作为自己的追求。当一个人在经济活动中面临若干不同的选择机会时，他总是倾向于选择能给自己带来更大经济利益的那种机会，即总是追求最大的利益。在社会以及经济活动中，人会保持最大的自利。因此说，理性人假设是经济学最基本的概念之一。

人之所以是理性的还由于资源的稀缺性。所谓资源稀缺性是指一个社会所拥有的资源是有限的，因此不能生产人们希望拥有的所有的物品与劳务。同样对于个人来说，每个人所拥有的资源也是稀缺的，不能满足自身的所有需求。这就决定了人必须是理性的，只有理性地研究如何将有限的资源合理地使用，才能使自己的利益达到最大化，最大程度地满足自己，使自己能够生活得更幸福。因此人的行为必须足够理性。

然而，事实证明人并不能像经济学家所假设的那样是一个"理性人"，很多时候人的行为却是十分感性的，或者说是相当缺乏理性的。1978年的诺贝尔经济学奖获得者赫伯特·西蒙指出，由于各种条件的限制，现实生活中的人是有限理性的。人们由于在不确定的环境中，所以无法按照结果理性的方式采取行动，只能依照自己所拥有的信息与能力来做出选择与决定，所以没法达到绝对的理性。

股民李某通过网上交易买卖股票，一个月前有朋友透露说某只股票有望看涨。他就毫不犹豫地买了10000股，当时是10元/股。但是过了几天，他却发现每股跌了5元，亏了50000元。现在的行情也十分不稳，他坐在电脑面前考虑要不要抛掉。正在他犹豫不决时，电话铃响了，一位好久不见的朋友跟他聊了很久。接完电话时，妻子惴惴不安地告诉他，刚才在他打电话的时候她想上网看新闻，却不小心按下了"抛售"键，把股票全卖掉了。李某见状，以为这是天意，就没有把股票再买回来。

仔细想一想类似的事情发生在许多人的身上，很多人都曾经因为不相干的因素而做出过决定，都曾经认为命中注定、天意之类的事情发生。由此可见，人们的行为通常受一些其他因素的影响，根本不可能达到绝对的理性。所以，理性人假设虽然是经济学的基础理论之一，但是事实上人却只是有限理性的。再比如下棋，如果每个棋手都是完全理性的，那么就不存在赢输的问题，因为每个棋手的下法都是最理性的，只能是平手。但事实上，在各自理性与能力的约束下，每个棋手的下法对他来说都难以是最优的，而只是有限的理性，所以才分出了输赢。

有限理性

　　经济学家西蒙指出传统经济理论假定了一种"经济人"。他们具有"经济"特征，具备所处环境的知识即使不是绝对完备，至少也相当丰富和透彻；他们还具有一个很有条理的、稳定的偏好体系，并拥有很强的计算能力，靠此能计算出在他们的备选行动方案中，哪个可以达到尺寸上的最高点。西蒙认为人们在决定过程中寻找的并非是"最大"或"最优"的标准，而只是"满意"的标准。

　　因此可以得出一个结论：人在从事经济活动时总是以自己获得最大的利益为出发点，但是因为各种条件的限制，人不可能是完全理性的人，而只能是有限制理性的。西蒙经常用人在稻草堆里寻针的例子来证明人的有限理性：假如一个农夫发现自己的衣服掉了一颗纽扣，他必须要在一堆散落着许多粗细不一的缝衣针中找出一根最尖的针来。那他就必须把所有的缝衣针都找出来，然后进行比较，但是事实上这是非常困难的，而且也是完全没有必要的，他只要找到一根可以将纽扣缝好的针就可以了。根据理性最大化原则，他必须要找到最尖的那根针，而根据要求，则只需要找到合适的针便可。所以说，没有最理性，只有最感性。完全理性只能是假设，而有限理性才是事实。

可口可乐对百事可乐是爱还是恨

挪威人爱吃沙丁鱼，挪威人在海上捕得沙丁鱼后，如果能让它活着抵港，卖价就会比死鱼高好几倍。但是，由于沙丁鱼生性懒惰，不爱运动，返航的路途又很长，因此捕捞到的沙丁鱼往往没等回到码头就死了，即使有些活的，也大都奄奄一息。但是有一位渔民的沙丁鱼却总是活的，而且还十分生猛，所以他赚的钱也比别人的多。但是该渔民严守秘密，没有人知道。直到他死后，人们打开他的鱼槽，才发现只不过是多了一条鲶鱼。后来，别人也照方抓药，才发现原来当鲶鱼装入鱼槽后，由于环境陌生，就会四处游动，而沙丁鱼发现这一异己分子后，也会紧张起来，四处游动，结果沙丁鱼便活着回到港口。这就是所谓的"鲶鱼效应"。

大多数人具有天生的惰性，他们追求舒适安逸的生活而又不愿意为之奋斗，他们都愿意不劳而获、安享清福。所以，如果有后路可退，他们一定会逃跑，而如果无后路可退，则只能一搏，将自己的潜能挖掘出来。从心理学上来说，这是一种"鲶鱼效应"。

现代企业家都明白一个道理：有竞争才有发展。人的潜能往往是在竞争中才被发掘出来的。企业只有在竞争中才能提高自己的产品质量，降低自己的成本，以此来增强自己的综合实力，以求在众多的竞争对手中生存发展。正是在为这种"鲶鱼效应"的作用激励下，许多企业才会不断地求新求变，长期立于不败之地。

美国的安然公司原是世界上最大的综合性天然气和电力公司之一，在北美地区是头号天然气和电力批发销售商，也是业内的垄断企业之一。在2001年宣告破产之前，安然拥有约21000名雇员，2000年披露的营业额达1010亿美元之巨。公司连续六年被财富杂志评选为"美国最具创新精神公司"，然而这样一个拥有上千亿资产的公司却在2002年几周内便宣布破产。

安然公司一共提供800多项服务，在全世界范围内都有分公司，是行业的龙头老大。它与美国的政界、商界都有紧密的联系，因此有一些其他公司所没有的便利。几乎没有一个公司能够与之抗衡，可以说是"独孤求败"。但是正因为没有对手的激励，公司才对业务掉以轻心，公司的高层在1987年便开始将精力投注到为个人谋私利上来。此后十几年，从一些部门主管到CEO都将工作重心挪到了私人利益上来，结果公司的业务水平下降，开始亏损。公司管理者不仅不为此想对策，还继续"我行我素"。公司CFO（首席财务官）不仅一手创立离岸公司虚增利润，一手操纵股价交易，使自己和朋友们的上亿美元股本稳赚不赔，而安然公司和其他不知情的股票投资者却要为此付出代价。2001年，公司股价从90美元开始下跌，到11月28日亏损被曝光之后，跌到了30美分，后来公司被迫宣布破产，高层管理者大都被判刑入狱。

安然公司本是全世界最大的能源公司，占尽了优势，一般来说应当越来越强大。但是也正因为公司认为占尽了优势，没有对手，根本不用提高自己的业务水平，也不必致力于降低企业的成本，所以才会对公司的业务管理不在乎，再加上公司管理者一窝蜂地开始以权谋私，结果最终导致这条最大的"沙丁鱼"死在了温水之中。企业因为没有对手，没有竞争的激励，就会容易产生惰性，结果就会出现差错，往往不是被竞争者吃掉，就是自己倒掉。而一些对手众多的企业，因为出现了不拼、不逃就会死的情况，出现了强有力的对手，所以就激励着自己发挥出自己的潜能，去拼命，结果求得了生存与成功。

无论是人还是动物，天生有着惰性，但是由于威胁自己生存的激励作用，无论人与动物都会去努力，去发挥自己最大的潜能，以求得自己利益的最大化。企业在市场中，如果是垄断企业，并且没有完全可以替代的产品，那么它就极有可能没有这种危机感，就不会感觉自己受到威胁，所以它的服务态度会差，它的商品与服务也不会是高质量的。而如果企业属于竞争市场，并且完全可以被替代，有强有力的竞争对手，那么在这种"活着还是死去"的竞争激励之下，就必须要不断地改善自己，改进自己，以求得生存与发展。所以说，当企业是"沙丁鱼"时，有对手时，反而能够促进其更快地发展，能够为消费者提供更好的产品，也能够降低更多的成本。

可口可乐公司与百事可乐公司这两个竞争对手在双方激烈的竞争中也正突出了这种效果。百事可乐与可口可乐都盯死了对方，只要对方一有新动作，另一方肯定也会有新花样。可口可乐早在20世纪20年代便在古巴用飞机在空中喷出烟雾，画出"COCA-COLA"字样，可惜因为缺少经验而失败，百事可乐在1940年更是一下租了8架飞机，飞了14.5万公里，在东西两海岸城市，以机尾喷雾，写下百事可乐的广告。可口可乐当然要及时反击，为强化国民第一饮料的形象，可口可乐赞助了1939年的纽约世界博览会，并请名人啜饮，将其照片刊在杂志封面。但相比之下，百事可乐的宣传广告方式更有创意。他们专门设计了一套卡通片，而且还创作了一首风靡全美的广告歌曲。

两大饮料巨头在竞争中不遗余力，使出浑身解数来与对手交战，但结果却是二者都有了长足的发展。可见，只有不断地竞争，才会有生机和活力，才能不断地发展。这两大饮料商一直是对手，也一直在竞争中不断地进步。对于百事可乐来说，可口可乐就是那条鲶鱼，逼着自己去提高，以求得生存。而对于可口可乐来说，百事可乐则是它的鲶鱼，如果不在这种激励下改进自己，则只有死亡一条路可走。所以，二者对彼此都是怀着"又爱又恨"的复杂感情。由此可见，"鲶鱼效应"的激励作用是十分明显与有益的。

工作时间越长赚钱越多吗

美国人在经济上比欧洲人更强，部分原因在于他们工作得更多，这种差异往往被归因于文化差异：美国人想消费更多，而欧洲人想享受更多闲暇。

但是在20世纪70年代，法国人的工作时间实际上要比美国人长，他们现在的工作时间减少了三分之一，原因不是向往美好的生活，而是为了逃避欧洲的税收，包括工薪税。但美国人不能沾沾自喜：如果不能解决社会保障和医疗保险制度方面隐现的危机，他们也会走上同样的高税收之路。

明尼苏达大学的Edward Prescott教授说，欧洲的高税收使得雇用劳动代价高昂，尽管扣除税收后的净收入也许并没有增加多少。税收负担越重，雇主就越难用薪金吸引人参加工作，人们就更愿意领取政府津贴、读书或提早退休。他说，从20世纪70年代初期到90年代中期，法国的税率从49%上升到59%，而美国的税率则保持在40%。

结果是，20世纪70年代早期处于工作年龄的法国人平均每周的工作时间是24.4小时，比美国人多1小时。到20世纪90年代中期，法国人平均每周的工作时间减少为17.5小时，而美国人平均每周的工作时间增加到25.9小时。

几个主要工业化国家的工作时间与税率之间的关系是相似的。在税率甚至比美国还低的日本，工作时间更多，而在税率最高的意大利，工作时间最少。20世纪70年代，当税率差别缩小时，工作时间的差别也缩小了。

"人们将会不再工作。"明尼阿波利斯联邦储备银行研究主任Arthur Rolnick这样说。随着劳动力减少，税收会越来越多地加在留下来工作的人身上。

以上是2003年的一则美国新闻。这则消息认为，如果美国的税收越来越高，那么人们在这种高税收的激励之下便会减少工作时间。因为税收已经达到了一定的极限，超过了人们所愿意缴纳的最低限度。税收使个人多拿出时间来进行工作所能获得的报酬几乎没有增加，所以人们宁可去休假、学习，也不再进行工作。这不仅仅对个人来说不利，对政府也不利。因为人们不再进行工作，税收也必然减少，政府动作也会受到影响。

一般情况下，如果政府的税收收入越多，它所起的作用就会越大。但是税收是从纳税人的收入中无偿收取的。当税率达到一定的限制，纳税人觉得收入的增加大都用来缴纳税额，自己的收入根本没有增加多少

时，便会在这种超限效应的激励作用下，放弃工作或者不再努力去工作。这样就会因为税率的增加而负面激励了纳税人的决策。

拉弗曲线

经济学家拉弗关于税收的命题是："总是存在产生同样收益的两种税率。"主张政府必须保持适当的税率，才能保证较好的财政收入。如果人们的所有劳动成果都被政府所征收，他们就不愿意在货币经济中工作，由于生产中断，政府的税收就会减少。"拉弗曲线"认为：税率高并不等于实际税收就高。税率太高，人们就被吓跑了，结果是什么经济活动都不发生，反而收不上税来。只有在税率达到一个最优值时，实际税收才是最高的。

其实不仅在税收上，如果超出了纳税人的限制会产生消极的影响，在其他方面也会产生不良的影响。比如在购物行为中，如果一件商品的价格超出了消费者愿意付出的价钱，那么消费者就不会购买。再比如，如果工作时间与所得的工资额度超过了员工所能忍受的最低限度，员工会拒绝加班。而反过来，如果员工的工资要求超过了雇佣者所能支付的最高限度，企业也会因为超限效应的激励而不招聘该员工，或者将其解雇。由此可见，人们工作的时间长短并不能对其收益产生影响，真正对自己的经济收入产生影响的是自己所受到的激励作用。

‖‖ 为什么明知闯红灯可能会发生车祸，还是有很多司机故意违章

据《河北日报》报道：2010年7月10日至23日，省会文明办与石家庄市公安交管局联合开展了对"红灯止步第一人"的现场奖励活动，184名在某一时段"第一位不闯红灯的行人"、"第一位不闯红灯的非机动车骑乘人"都获得了500元现金奖励，引发省内外广泛关注。而就在8月25日，石家庄市又展开了对违反交通规则的人进行重罚的活动。

与此同时南京市也大力整治了闯红灯的事情，2010年8月29日下午下班高峰期，交警与协管员在闯红灯的多发区试点拉起了警戒线，阻止市民违反交通规则的行为。但是遭到许多市民的反对，认为此举不够人性化。

江苏泰州市也有此举，为治理行人闯红灯这一顽疾，泰州交管部门在市区几大路口，采取"拉绳子"管理的方法。该市通过数月拉绳子"治"闯红灯的办法，市民闯红灯的现象明显减少，后来有关部门在各路段逐步取消了"拦人"的绳子。泰州交警支队有关负责人接受记者采访时称，当初设计这种办法，更多的是从宣传的角度考虑。绳子只是一个符号，是一种提醒，最终使不闯红灯成为人人心中"无形的绳子"。后来该市交管部门在各大路口护栏的上方，设置了很多具有亲和形象的卡通警察，借温馨的提示语言提醒市民"不闯红灯"。

闯红灯当然是一种不好的行为，轻则因违反交通规则而受罚，重则可能而此而酿成车祸。那既然如此，为什么还有很多人故意违章行车，硬闯红灯呢？其实很多人闯红灯也是出于一种成本与收益的考虑的。

　　就在石家庄市大力开展整治闯红灯的这段时间里的8月17日早上7时多，出租车司机李师傅驾车行经石家庄方村镇路段，被一对夫妻拦下车，他们身边还有一名16岁的男孩。上车后，孩子的妈妈特别着急，称孩子中毒了，要急去医院，请李师傅帮忙赶到最近的医院救治。

　　李师傅一听情况紧急，马上开足马力向市区方向驶来。从东二环到医大一院要行经东岗路，沿途经过谈固大街和翟营大街几个路口，常走此路的李师傅知道，这几个路口都设有电子警察，自己如果按红绿灯"照章行驶"，势必会耽误孩子的治病，而如果硬闯电子警察，"惹"出了事谁来负责？他事先拨打了110，向警方说明了情况。"你就闯红灯吧，先救人要紧。"听了警察的这话，李师傅在早高峰拥堵状况中，凭着他娴熟的驾车技术，一路开着车直奔医大一院驶去。孩子得救了，可为此连闯电子警察的李师傅却遭遇了意外。

　　"运管处说是我自己惹的事儿，让我自己去处理；110说交通违章的事不归他们管，让去找交管局。"李师傅找到交管部门时，事情一直没有个明确的说法。此后他找到了交管督察部门，督察人员听明情况，结合具体情况了解后，让李师傅去槐底派出所找当时出警的民警开个证明以"证明清白"。事情在经过一段时间之后，终于得到了妥善的解决。有人就李师傅闯红灯的事产生了怀疑，因为这没有给他带来多少经济收益，相反还添了很多的麻烦。

　　可是李师傅为什么还要闯红灯呢？他当然也是考虑到成本与收益的关系：一个鲜活的生命与他闯红灯要付出的代价之间的成本与收益。很明显，他付出的成本是划算的。因此他便毫不犹豫地闯了红灯，救了一条命。

当然李师傅为救人而闯红灯是特例，很多人违章并不是因为要救人，但他们也考虑到自己闯红灯的成本与收益，尤其是在一些交通监控比较薄弱的地区，有些司机为了赶时间就会大胆地闯红灯，有很多人因此而酿成车祸，但是有更多的人闯红灯却没有付出任何代价，所以他们就更加大胆地闯，并不是因为喜欢闯，愿意被抓，而是出于一种成本与收益的考虑。

▮▮▮ 为什么有的人赚到1500万居然不如1000万更开心

有一位私营企业家，他的公司年产值约2亿元，一年纯利润也有两三千万元。但他每天早上八点半上班，常常要到晚上八九点才回家。他自嘲被企业"套"住了，一年到头很难有轻松的时候。有人问他，公司每年财务报表上利润的增加能给他带来多少快乐，他笑笑，摇摇头："增加几百万没啥感觉。"

为什么会出现这种状况呢？事实上也许真的如此，十元钱给一位饥肠辘辘的人带来的快乐，可能要比一万元带给千万富翁的快乐来得强烈。如果用竖轴代表快乐，横轴代表财富，那么二者的关系可以通过一条曲线反映出来：在一贫如洗时，最初的财富积累给人带来的幸福感一定急剧上升。财富积累到一定程度后，幸福感的增加进入一个缓坡。等

到财富增长到某个数量后，大大超过了一个人一生的需要，拥有者可以"为所欲为"时，幸福感增长就基本成为水平线，很难再有更多增长。无论金钱、财富怎样多，人生终究还是有缺憾的，比如生老病死，所以人的幸福感都不可能达到100%。

当赚到第一个1000万时，人们会非常高兴，但是第二个感觉就会差，第三个，第四个，快感越来越低，直到后来赚到1500万元当然比1000万元更好，但是很少有人能够因而让幸福感也同等增加50%。1500万带来的幸福感也许没有第一个1000万来的多，因为边际效用已经递减到很低了。

芝加哥大学工商学院教授奚恺元为我们举了一个很形象的例子：假定你是一家公司的CEO，你有两种支付员工报酬的方式。一种方式你可以给员工支付定额的高薪，另一种方式你可以给员工相对低一些的工资，但是时不时给他们一些奖励。客观地讲，你的公司在第一种方式中花的钱会更多，但是，你的员工会在第二种方式中更高兴，而这个时候公司花的钱还更少！

经济学认为增加人们的财富是提高人们幸福水平的最有效的手段。但财富仅仅是能够带来幸福的很小的因素之一，人们是否幸福，很大程度上取决于很多和绝对财富无关的因素。

美国61岁的富翁蒂托花了2000万美元到俄罗斯国际空间站进行太空旅游。28岁的南非富翁马克也同样玩了一次。还有很多外国富豪也是这样，他们或驾船横渡太平洋，或乘热气球环游世界等等。可是他们并不会觉得有多么快乐，因为那些对他们来说已经不再有太大的效用了。

📶 为什么你总是被引诱购买本不需要的东西

常常听到身边的"购物狂"同事抱怨:"昨天某某商场狂打折呀,我买了一大堆东西,回家仔细看看,很多都用不到。"无疑,他中了"打折"的圈套。打折就是用极低的价格诱惑你去买你暂时不需要的东西,这是供需关系中最强大的一种障眼法。

打折是司空见惯的事。生活中,我们经常会互相交流这样的信息:"商场在打折,最低一折起,下班后去看看吧!"在节假日来临之前,许多人都会早早做好准备,抽出时间,以备逛街"扫打折货"之需。而在国外,当打折商品卖完时,商店会发给顾客所谓的"雨票",领到雨票的人,可以在今后有货时再来买。据说,"雨票"起源于露天举行的棒球比赛,当比赛那天突然下雨时,观众可领取"雨票",这样就能在球赛改期时再入场。

那么现在,让我们来探讨一下,印着诱人价格的商品打折券真的让你拣到便宜了吗?必须指出,打折券只是商家的销售手段之一,目的是为了让更多的穷人消费。那么这种做法,相对伤害了富人的利益。这样,富人就必须得到补偿,其结果就是让穷人得到相对较差的产品。例如,在超市中,经常能看到超值系列产品。但这些商品,酸奶、面包等,其包装设计都非常粗糙。实际上,厂家把包装做好点,不是什么难事,成本也不高。之所以这样设计,有一个原因就是阻止富人去买便宜

的产品。

我们还会注意到，飞机一般都设有普通舱、商务舱和头等舱，里面的设施截然不同。那么，把普通舱设计得和头等舱一样，成本很高吗？不是，之所以这么做，原因只有一个：如果普通舱里舒服，那么头等舱的顾客就会选择购买便宜的机票。

有这么一个例子，IBM公司曾经推出过低档激光打印机和高档打印机。据说，这两个系列的打印机几乎完全相同，唯一不同的就是：便宜产品里被人为加入了一块芯片，使它的速度变慢。是不是有些离谱？可这种手段却被许多商家采用。事实上，所谓专业版、企业版、豪华版、家庭版软件等，都是按照这种思路生产出来的。换句话说，打折券的真正诡秘之处在于，它暗合了消费者"占便宜"的心理，而不是真正降低了商品价格。

商家靠这种手段"欺负"消费者的行为，可以说是花样繁多。比如，我们通常认为，大型节假日里的促销一定是最便宜的，会员日的价一定是最低的。于是那一天，即使再忙，也要挤去买回几样商品，对不对？可是，不知你有没有过这样的体会呢：辛辛苦苦挤了一天才买到的"最低价"，过两天去看，可能更低。这可是真实发生的事，广州一家报纸就曾报道过。有位女士盼了很久，就等某商场会员日的时候来扫货。前个周末，她持有会员卡的那家百货商店，举行一年两度的会员日，所有的会员都以为这时的折扣一定是近期最低的。这位女士也毫不怀疑，大肆"血拼"。但令她意想不到的是，会员日结束后的第一天，她因为大小不合适前去调换，发现折扣比昨天更低了，这让她有种上当的感觉。

待机消费：面对诱惑重重的打折活动，"待机消费"正在悄然兴起。这类消费者逛商场就是为了挑选款式、比较价格，即使遇到中意的商品也不会轻易出手。只要不是购买急需的商品，就不会轻易掏腰包，一定要等到打折促销时再购买，花同样的钱能够享受的实惠更多。换句话说，待机消费一族使用打折券时，购买的一定是自己一直向往的商品，确保买到实惠。

待机消费族的出现是消费者逐渐成熟的表现，表明在面对商家各类商品促销政策中，消费者的购物已经开始由随机消费转变为目的消费，不会在商家促销的宣传攻势下冲动消费，购买大量闲置商品。在某种程度上，这种现象的出现，反映了消费者在选购商品时，已朝着理性比较和鉴别的方向发展。毕竟购买商品是为了最终实现商品的使用价值，伺机而动，这应该是今后消费者购物的主要发展方向。

还有一种做法叫"先提价再打折促销"。例如，有个周末，某位女士发现在一家户外用品店，一双沙滩鞋标价200元，打8.5折，这样算下来就是170元，比原价便宜30元。这位女士很高兴，正准备买时，发现鞋上的标签标的是175元。很明显，后来的货架上的标签是临时打上去的，就是为了打折而提价的。如果不仔细看，就很容易上当，还真以为自己拣到便宜了。

有些商家"欺负"消费者的行为比较隐蔽，例如，他们会把一些看似便宜的东西卖得超级贵。打个比方，很多酒吧清水会卖到接近饮料的价格，可咸味花生却是免费的，这是为什么呢？很显然，不是酒吧节约用水，也不是花生卖不出去，而是商家在打小算盘：吃多了咸的，自然

想喝东西，增加消费就在所难免。而如果喝了免费的清水，就不会需要饮料了，所以即使水很便宜，也要给它定个高价。

还有些商店，在出售打折品时，不开发票，不能用信用卡，甚至不允许退换。这通常都是店家在打逃营业税的主意。这种无发票、不能退换的产品，使用起来有问题，利益就很难保障了。

最后，我要提醒你一点，使用打折券看似免费，但也要花费不少时间和精力。几乎每张优惠券都限定了时间、地点、次数和使用要求等。你必须抽出大量的时间去应付，实际上是在用时间换取了优惠，浪费了你的时间成本。所以说，看到打折促销，不可盲目买回一堆"便宜货"。永远记得一点：只买自己需要的，而不是便宜的。商品的真实价值摆在那里，商家不会无缘无故降低价格的。

同样是100块钱，差距怎么就这么大呢

钱就是钱。同样是100元，是工资挣来的，还是彩票赢来的，或者路上捡来的，对于消费者来说，应该是一样的。可是事实却不然。一般来说，你会把辛辛苦苦挣来的钱存起来舍不得花，而如果是一笔意外之财，可能很快就会花掉。为什么会这样呢？

钱和钱是不一样的。虽说同样是100元，但在消费者的脑袋里，分别为不同来路的钱建立了两个不同的账户，挣来的钱和意外之财是不一样的。这就是芝加哥大学萨勒教授所提出的"心理账户"的概念。

比如说今天晚上你打算去听一场音乐会。票价是200元，在你马上要出发的时候，你发现你把最近买的价值200元的电话卡弄丢了。你是否还会去听这场音乐会？实验表明，大部分的回答者仍旧会去听。可是如果情况变一下，假设你昨天花了200元钱买了一张今天晚上的音乐会票子。在你马上要出发的时候，突然发现你把票子弄丢了。如果你想要听音乐会，就必须再花200元钱买张票，你是否还会去听？结果却是，大部分人回答说不去了。

可仔细想一想，上面这两个回答其实是自相矛盾的。不管丢掉的是电话卡还是音乐会票，总之是丢失了价值200元的东西，从损失的金钱上看，并没有区别，没有道理丢了电话卡后仍旧去听音乐会，而丢失了票子之后就不去听了。原因就在于，在人们的脑海中，把电话卡和音乐会票归到了不同的账户中，所以丢失了电话卡不会影响音乐会所在账户的预算和支出，大部分人仍旧选择去听音乐会。但是丢了的音乐会票和后来需要再买的票子都被归入同一个账户，所以看上去就好像要花400元听一场音乐会了。人们当然觉得这样不划算了。

心理账户：每个人都有两个账户，一个是经济学账户，一个是心理账户，心理账户的存在影响着我们的消费决策。经济学账户里，每一块钱是可以替代的，只要绝对量相同。在心理账户里，对每一块钱并不是一视同仁，而是视不同来处，去往何处采取不同的态度。心理账户有三种情形，一是将各期的收入或者各种不同方式的收入分在不同的账户中，不能相互填补；二是将不同来源的收入做不同的消费倾向；第三种情形是用不同的态度来对待不同数量的收入。

把不同的钱归入不同的账户，这就是为什么赌徒的口袋里永远没钱的道理，输了当然没什么好说的，赢了，反正是不劳而获来得容易，谁愿意存银行啊？从积极的方面讲，不同账户这一概念可以帮人制订理财计划。比如一家单位的员工，主要收入由工资——用银行卡发放、奖金——现金发放构成，节假日和每季度还有奖金，偶尔炒个股票、邮币卡赚点外快，那么可以把银行卡中的工资转入零存整取账户作为固定储蓄，奖金用于日常开销，季度奖购买保险，剩余部分用于支付人情往来，外快则用来旅游休闲。由于在心理上事先把这些钱——归入了不同的账户，一般就不会产生挪用的念头。

第七章

地球的B面——日常生活中的经济学

为什么预订机票的时间越提前，折扣会越低？

为什么麦当劳为一些饮料免费续杯？

为什么富人要赚钱很容易，穷人想发财却很困难？

为什么越是打折的时候，你花的钱却越多？

为什么人们购房"买涨不买跌"？

为什么婚姻中会有"七年之痒"？

为什么越有人关注，你的博客更新会更频繁？

"破窗理论"真的是"损害有益"吗？

为什么卖假药的都找"教授"？

吃不吃鸡蛋是你自己说了算吗？

为什么DVD光盘与CD、VCD一样大，包装盒却比后两者的大？

为什么世界杯期间全球经济损失104亿美元？

垄断真的是无处不在的吗？

用盗版是为了打击垄断行为吗？

经济学创始人亚当·斯密通过研究面包师、屠夫而得出了国民经济运行的规律。可见真正的经济学一定不是建造在宏大而空洞的论述上的，而是建立在生活的细节上。反过来这也告诉我们，在日常生活中也存在很多经济学问题，需要用经济学进行解释。比如以上提到的诸多问题：为什么预订机票的时间越提前，折扣会越低？为什么麦当劳为一些饮料免费续杯？为什么富人要赚钱很容易，穷人想发财却很困难？为什么人们购房"买涨不买跌"？为什么婚姻中会有"七年之痒"？为什么这么多人不吃软但是却吃硬呢？为什么有人关注，你的博客更新会更频繁？地震真的有利于经济发展吗？为什么卖假药的都找"教授"？这些都是我们在日常生活中遇到的问题，我们也都为此而感到非常不理解。

事实上，我们之所以对这些事情不理解，并不是因为我们没有开支脑筋对此进行思考，而是因为我们没有运用正确的思维方式来对此进行思考，而这种正确的思维方式就是经济学的思维。如果我们用经济的思维进行思考就会明白，麦当劳为饮料续杯不是因为麦当劳对顾客特别仁慈，而是因为它迫不得已。如果我们运用经济学思维进行思考，就会明白人们购房时"买涨不买跌"不是因为钱赚多了，更不是因为炒房，而是因为再不买房可能就买不到了。如果我们运用经济学的思维进行思考，就会明白之所以在婚姻中出现"七年之痒"，不是因为男人女人都花心，而是因为时间久了谁都会感到厌烦。

本章就是运用经济学的一些知识分析了日常生活中人们常见的行为，其出发点是为人们观察事物提供一种经济学的视角，因此，对于本文来说，重要的不是解释的正确性，而是解释的方法。日常生活中，人们每天都要作出一些选择，采取一些行动。这样做时，人们要么希望自己能够得到某种回报，要么是尽量避开对自己不利的事情。从本质上讲，每个人的行为都是一种"经济"行为，所以，用经济学对人们司空见惯的一些现象进行分析，也许是很有必要的。

▟ 为什么预订机票的时间越提前，折扣会越低

2004年一个名叫朱兆瑞的人出了一本畅销书，名字叫做《3000美金我周游了世界》，引起了广泛的社会关注。几乎所有的人都不相信仅仅3000美元就可以周游世界。但是看完他的书之后，几乎所有的人都相信不用骑魔毯，也可以环游世界。

我们都知道乘坐交通工具是外出旅游的一项重大开支。而环游世界基本上要通过坐飞机来完成，开支将会更大。如果按照正常情况来说，3000美金绝对不可能够。有人曾经做过统计，环游世界一周正常情况下的花费是20万美元。但是朱兆瑞不仅做到了，而且只花了1000多美元来购买机票。

朱兆瑞为什么能够花这么少的钱买到机票呢？他在一次接受采访时透露说：

> 第一次，当时我记得从英国去都柏林的时候，当时买机票是67英镑（折合700元人民币左右）多，是急急忙忙买的，在机上又累又渴，小姐给我递可乐，我也不客气，结果刚喝了一半，小姐说对不起先生，请你付费，我非常惊讶，我坐了一百次飞机了，怎么要

付费呢？感觉到自己心里非常不舒服。但是看到大家都在掏钱，我也乖乖付了5英镑。付了钱之后我觉得很奇怪，我跟旁边的人请教，为什么要我付费？结果那个人不以为然地说，当然要付费了，一英镑买的机票当然要付钱。为什么我花67英镑，你花1英镑？结果人家是提前两个星期预定的。正因为我有这个吃亏上当的经验，才有成功周游世界的经历。

　　从此他知道机票提前预订会少花许多钱以后，便一直提前预订机票，最便宜的一次机票价格仅为0.1欧元。我们都知道机票的价格是比较高的，因为这种交通服务的成本高，价格自然也会水涨船高。可是为什么有人能花1英镑买到机票，而有时候机票仅值0.1欧元（合人民币1元左右）呢？当然不是成本降低了，而是机场考虑到了一个经济学原理——边际效益，然后做出如此便宜的票价也卖的决定。

　　理性人考虑边际量是经济学一大原理。一个人对任何一种物品的支付愿望都基于其边际利益，即物品产生的额外收益。也就是说，当你付出了一定的成本时，你想要得到的是比付出成本原来应该得到的收益更多的收益。或者你付出成本必然是亏损时，你想要比原来应当亏损的少一点亏损。

　　例如，考虑一个航空公司决定对等退票的乘客收取多高的价格。假设一架有200个座位的飞机横越美国飞行一次，航空公司的成本是10万美元。在这种情况下，每个座位的平均成本是10万美元/200个，即500美元。马上就会有人得出结论，航空公司的票价绝不应该低于500美元。但实际上，航空公司可以通过考虑边际量而增加利润。设想一架飞机即将起飞时仍有10个空位，而在登机口等退票的乘客愿意支付300美元买一张票。航空公司应该把票卖给他吗？当然应该。如果飞机有空位，多增加一位乘客的成本是微乎其微的。虽然每位乘客飞行的平均成本是500美元，但边际成本仅仅是这位额外的乘客将免费消费的一包花生米和一罐软饮料的成本而已。只要等退票的乘客所支付的钱大于边际成本，卖给他机票就是有利可图的。

因为朱兆瑞的机票大都是提前买的，而欧洲的航空运输非常发达，所以每趟飞行，飞机都有空位。有空位，航空公司就会有损失。因为它的成本是既定的。多一个空位，就会少一份收入，所以理性人考虑到边际量，虽然机票的价格非常低，但是也会往外出售，正如俗话所说，赚一分是一分。而飞机上的饮料原本是免费的，可为什么这时就不免费了呢？也是因为考虑到边际量。因为边际收益已经够低的了，为了能够尽量多收回一些成本，减少损失，航空公司便想尽各种办法从乘客手中赚取边际收益，而不是为了招揽乘客（足够便宜的机票已经能够起到招揽乘客的作用了），而提供对乘客来说是边际收益的免费饮料服务。

其实不仅这件事人们会考虑到边际量，在许多事情上，我们都会考虑边际量。比如你去水果店买水果，离你住所同样距离的两家水果质量与价格相同的店。如果有一家的老板在你第一次去买水果时，多给了你一点点水果，比如一个苹果。而去另一家买的时候，那家老板虽然非常热情，但是什么没有多给你，也没有把你应付的几角零钱免掉。考虑到多给一个苹果这一小小举动，你会在下次买水果时，首选第一家。水果店老板无形中运用边际效益的原理，达到了自己揽回头客的目的。因为每个人都想获得利益的最大化，所以每个人都要考虑边际量。理性人考虑边际量是经济学的一大重要原理。

为什么麦当劳为一些饮料免费续杯

    我们在星巴克、上岛等咖啡店里喝咖啡是不可能得到免费续杯服务的。但是很多人，尤其是中国人不知道的是在麦当劳和肯德基里就餐，有些饮料是可以免费续杯的。

    续杯的饮料和喝的第一杯饮料是没有什么区别的，也是需要付出一定的成本的。那为什么这些餐馆还要提供免费续杯呢？从餐馆的角度来看，这种做法的存在，与节省成本的逻辑相矛盾。可是他们为什么还要这样做呢，难道是给顾客的福利。从商人"唯利是图"的角度来看，是不可能的，因此其中必然有着深层次的原因。

    我们来分析一下餐馆与饮料相关的营业模式。和很多其他行业一样，在餐馆业，随着就餐顾客人数的增长，为顾客提供服务的平均成本会下降。这也就是说，餐馆提供膳食的平均成本，比一顿膳食的边际成本要高。由于餐馆为每顿膳食索取的费用，必须要高于该顿膳食的边际成本，那么只要能吸引到额外的主顾，餐馆的利润就可增加。

    现在，让我们想象一下：最初所有的餐馆肯定都不会提供免费续杯服务。假设此时有一家餐馆看到了个中奥妙，开始这么做，结果在该餐馆享受到了免费续杯服务的就餐者会觉得做了一笔很划算的交易，就会一直光顾。随着口碑流传开来，该餐馆很快会发现，自己的顾客比从前多得多。虽然续杯服务会增加一定成本，但这部分成本相当低，并且能够被收益大大抵消。因为餐馆在多卖出的食物上所获取的利润必然要超过免费续杯的成本。而由于餐馆的利润率超过它为免费续杯所承担的成本，所以这家餐馆的整体利润就会出现增长，就会继续提供免费续杯服务。

这家餐馆在免费续杯服务上获得成功，其他的餐馆肯定会争相效仿。随着这么做的餐馆越来越多，就会逐渐变成所有的餐馆都开始提供这一服务。而此时每一家餐馆的业务量又会持平到不提供免费续杯服务时。也许有人会想，既然靠续杯已经不能招揽更多的顾客了，所以干脆不续杯了，减少一些成本岂不是更好吗？但是事与愿违，如果你不再提供续杯服务了，顾客可能在不知情的时候光顾一次，但是知情之后就不再光顾，并且也会宣扬出去，结果自然就是都去了别家的餐馆。当然也许有人会接着说，餐馆的经营者可以联合起来停止免费续杯服务。当然如果所有的经营者都能联合起来停止续杯服务，也一定能够达到节约成本的目的。但是餐馆从业者之间是处于一种相互竞争的状态，都希望对方停止续杯，自己续杯可以招揽更多顾客，所以很难达成一致。因此，餐馆中的饮料就会继续续杯，即便这种经营手段不能再招揽顾客，也不能停止提供。

为什么富人要赚钱很容易，穷人想发财却很困难

圣经《新约·马太福音》讲到这样一个故事：一个国王远行前，交给10个仆人每人一个金币，吩咐他们："你们去做生意，等我回来时，

再来见我。"国王回来后，他把10个仆人叫到面前，想知道他们赚了多少钱。第一个仆人说："主人，你交给我的一个金币，我已赚了10个。"于是国王奖励了他10座城邑。第二个仆人报告说："主人，你给我的一个金币，我已赚了5个。"于是国王便奖励了他5座城邑。第三个仆人报告说："主人，你给我的一个金币，我一直包在手巾里存着，我怕丢失，一直没有拿出来。"于是国王命令将第三个仆人的那个金币赏给第一个仆人，并且说："凡是少的，就连他所有的也要夺过来。凡是多的，还要给他，叫他多多益善。"

这个故事就揭示了"贫者越贫，富者越富"的社会现象。1973年，美国科学史研究者默顿用这几句话对此来加以概括："对已有相当声誉的科学家做出的贡献给予的荣誉越来越多，而对于那些还没有出名的科学家则不肯承认他们的成绩。"这就是所谓的"马太效应"，此术语后为经济学界所借用，反映贫者愈贫，富者愈富，赢家通吃的经济学中收入分配不公的现象。

今日我们回过头来看，突然发现，上帝似乎把这个现象撒播得无处不在。富人享有更多的资源：金钱、荣誉以及成功，穷人却变得一无所有。在人类资源的分配上，《马太福音》所预言的"贫者越贫，富者越富"现象几乎存在于整个社会生活的各个方面，是我们每个人都要不可避免地面对的事实。比如，越有钱的人越容易借到钱，而越没有钱的人越不容易借到钱。那些效益好的公司，银行哭着喊着求着要你向他借钱，而当企业的经营陷入困境，真正需要钱的时候，银行不仅不愿意借钱，即使原来的贷款也希望尽快收回。在某个行业或产业的产品或服务，品牌知名度越大，品牌的价值越高，其忠实的消费者就越多，势必其占有的市场份额就越大。反之，某个行业或产业的产品或服务，品牌知名度越小，品牌的价值越低，其忠实的消费者就越少，势必其占有的市场份额就越小，将导致利润减少，被市场淘汰，其让位的市场将会被品牌知名度高的产品或服务代替。

为什么拥有的多，社会就给予他更多，而拥有的少，社会就给予他更少呢？这似乎不公平，却有它的理由。这是因为，拥有的多的人，他已经获得了成功，得到了社会的承认和信任，也就容易得到更多的机会。相反，没有得到社会承认和信任的人，大家对他持怀疑的态度，甚至根本没有注意到他，当然他的机会就更少。

马太效应还经常被用来解释贫富差距的原因。从人与人之间的贫富差距来看，只要存在着财富的创造和财富的分配过程，贫富差距就始终如影随形地跟随着人类社会。这用马太效应很好解释：越是有钱的人，拥有的资金和其他资源越多，就越容易赚到更多的钱，而越是贫穷的人，他占有的资金和其他资源就越少，当然发财的条件和几率也就越小。

人们常说"失败是成功之母"，而在马太效应作用下所表现出来的好的越好，坏的越坏，多的越多，少的越少却给了我们相反的启示：成功是成功之母。因为更多的时候饱尝失败的滋味并不能使人走向成功，反而会让人意志消沉，信心尽丧。而一个人越成功，就会越自信，越自信就会使你越容易成功。成功后，由于各种社会资源都会倾向于你这一边，你就会取得更大的成功。

马太效应还告诉我们，要想在某一个领域保持优势，就必须在此领域迅速做大做强。当你在某个行业取得成功，即使投资回报率相同，你也能更轻易地获得比弱小的同行更大的收益。因为当你在某个领域取得成功时，客户就会愿意与你合作，它会让你在推销自己的过程中事半

苏。而若没有实力迅速在某个领域做大，就要不停地寻找新的发展领域，才能保证获得较好的回报。

为什么越是打折的时候，你花的钱却越多

假如你得到了一张限量版的张国荣纪念新专辑，可是你根本不喜欢，于是你在网上发了个贴子要把它转让出去。结果就出现了四个张国荣的歌迷前来竞拍。

开始的时候，你只想卖出去，得到你的成本价，所以先出了80元。结果价格很快上升到100元以上。但是当你叫价150元时，A退出了，因为他的估价为130元，其他四人继续竞拍。当价格上升到170元时，B也停止了竞拍，因为他的估价为160元，而当价格上升到180时，C也停止了竞拍，他的估价为170元，而D则以180元的价格得到了这张限量版专辑。而且他还十分满意，因为他的估价为200元。

为什么在价格上升时，A、B、C先后退出了竞拍呢？很显然是因为价格过高。用经济学的说法就是，价格超过了买者的支付意愿。所谓支付意愿，是指买者愿意为某种物品支付的最高量。在这次竞拍中，A、B、C、D的支付意愿分别为130、160、170、200。最终结果是三人没有得到，也没有支付一分钱，而D则花了180元得到了专辑，此外他还觉得自己赚了20元。因为他的估价为200元，但是实际支付的价钱却只有180元。所以说，他得到了20元的消费者剩余。所谓消费者剩余是指买者愿

意为一种商品支付的量减去他实际支付的量。因此，D虽然花了很高的价钱得到了这张专辑，但是他却十分高兴。

　　一名年龄介于18~35岁的女性购物者说："我喜欢购物，这将至死不变，我就是爱购物。"而一名相同年龄段的男性购物者则说："我们来到这家商店，买到了东西就走人，因为我们还有别的事情要做。"经济学家发现，女人的钱要比男人的钱好赚。因为"女性从人际交往的角度来看待购物，而男性更多地将购物当作一种手段，一件必须完成的工作。"事实上，我们经常会发现女性购物总是会买一些预期之外的东西，甚至有时还会买一些根本没有用的东西。除了女性购物的欲望之外，还有一个重要的原因就是因为她们经常会买一些打折的东西，赚取"消费者剩余"。

　　人们希望以一个期望的价格购买某商品，如果人们在消费时实际花费的金钱比预期的花费低，人们就会从购物中获得乐趣，仿佛无形中他获得了一笔意外的财富；相反，如果商品的价格高于他的预期价格，他就会放弃购买行为。他因为购买商品的实际支出低于预期价格获得某商品而得到满足；同样，当某商品的价格高于他的预期时，他就不会购买，他因此也会获得一种满足。他会想，我虽然没有得到某商品，但是我也没有失去我的金钱，就算省了。但是很显然，他的第一种满足要大于第二种满足。而有时候，当人们因为少花了钱买了一样东西时，他会用省下的钱去买其他的东西。或者当他发现一样东西便宜，虽然自己可能根本用不着，他也会去购买，以满足自己的"消费者剩余"心理，虽然事实上消费者剩余不会给顾客带来实际的收益。

　　有很多时候，我们会发现一种非常奇怪的事情，你在高档的精品屋里打7折、8折，花上千元买来的东西，在外面一般的商场里价格却只有

二三百元，东西竟然一模一样。因为你被打折的手法诱惑了，你只获得了过多的消费者剩余——心理的满足，而付出了自己的大量金钱。当你在水果摊档看到刚上市的荔枝时，新鲜饱满的荔枝激起了你强烈的购买欲望，并且这种欲望溢于言表。卖水果的人看到你看中了他的荔枝，他会考虑以较高的价格卖给你。你对荔枝的较强的购买欲望，表明你愿意支付更高的价格。所以，当你询问价格的时候，他会故意提高价格，由于你的消费者剩余较多，或许你对这个价格还挺满意，毫不犹豫把荔枝买了下来。结果，你的消费者剩余转化为水果摊主的利润。

再比如，你去服装店买衣服，看见一件衬衣标价380元，但实际上80元就能够买下来。为什么标价这么高呢？这是因为商家想把你的消费者剩余都赚去。这些衣服的成本不足80元，但是有人特别喜欢这些衣服，他们愿意出高于80元甚至更高的价格买下来，这里面就存在着消费者剩余。因此，当你看上某件衣服时，最好不要流露出满意的神色，否则你就要花费较多的钱买下这件衣服。对于那些没有购买经验的顾客来说，当他以较高的价格买下这件衣服时，或许还以为自己占了个便宜，殊不知当他高高兴兴花钱买下这件衣服时，商家也高高兴兴地发了一笔小财。

实际上，很多精明的商家懂得消费者剩余的道理，所以就拼命地抬高商品的价格，迷惑消费者，让消费者以为自己所卖的商品都是高品质的。消费者因为觉得这些商品是精品，所以就会提高自己的支付意愿。而商家在消费者的支付意愿提高之后，再行打折，使折扣价还要比消费者的支付意愿低。结果就会有许多消费者来抢购这些"打折"的商品，以为自己是"花了更少的钱买了更值的商品"。但实际上却是，越喜欢买打折商品的人，花的钱就会越多！

为什么人们购房"买涨不买跌"

"你有，我就给你更多；你越没有，我就越不给你。"这就是我们前面所说的马太效应。20世纪60年代，著名社会学家罗伯特·莫顿这样解释它：任何个体、群体，一旦在某个方面(如金钱、名誉、地位等)获得成功和进步，就会产生一种积累优势，然后有更多的机会，获得更大的成功和进步。也就是说，强者恒强，弱者恒弱。

"马太效应"真的是无处不在，为什么穷人更穷、富人更富，"马太效应"可以作为其中的一个重要解释。在敏感的房地产市场，马太效应更是十分明显。当楼价暴涨时，大的地产商圈地、富人炒房，使得楼价一路飙升。

"马太效应"首先表现在地价上：开发商越有地的越有地，越有钱的越有钱。地价升、房价涨，不言自明。而房价越涨，市场越火。"买涨不买落"的心理表现得尤为明显。于是，在购房者中，"马太效应"也更加明显：越有房的越买房，越买不起房的越买不起。

一名开发商曾经这样描述："一期房子每平米7500元，开盘后，全卖了；二期涨到8600，又全卖了；三期又涨，还是大卖。有人一订就好几套，像这样的VIP大客户，我们实行专门服务。"

从这个意义上讲，大众既是高楼价的受害者，又是高楼价的推动者。大多数人不知道或无可奈何的是，作为消费者，这种心理秘密早被

开发商掌握并运用了。很多人被开发商赚了一把，却还庆幸，幸亏我买得早，你看现在的房价多高啊。

地产商们都是懂得运用"马太效应"的高手，并由此制定出一整套的销售策略。例如，他们总是会突出某些楼盘的豪华品质，并定出天价。而其他的楼盘都向它看齐，制定相应的房价，尽管与天价楼盘相比差得远，但与过去比却涨了许多。这样的楼盘被称为领涨楼盘。不过，别以为开发商们的目的是为了卖那些价楼盘，相反，他们是要卖那些价格相对较低但却暗涨不少的楼盘。

然后，房产商每周每月都要适当涨价，以利用人们"买涨不买落"的心理，对人们形成心理压力，迫使人们赶紧做出买房决定。面对涨势，犹豫的人往往会想，将来买会更吃亏，不如现在就买吧。这样，许多并不急于买房的人，也提前做出了买房决定。而你越买，它就越涨；越涨，你就越买。这就是"马太效应"。

"买涨不买落"不仅仅体现在楼市上，在股市和其他市场，亦是如此。一般消费者和投机者，都是"买涨不买跌"者，而绝大多数投资者也信奉"买涨不买跌"。而从需求上看，这批人在数量上占大多数，所以就很容易推波助澜，造成房价的上涨。也因为如此，即使楼市如此低迷，开发商却仍然不降价。因为商人们知道，降价并不能解决问题，甚至可能导致人们更加无限期的等待或观望，甚至造成部分人抛房。长此以往，房价就僵持不下了。

为什么婚姻中会有"七年之痒"

1999年，23岁的梁咏琪成功取代郑伊健交往7年的女友邵美琪，成为其新任女友。七年之后的2006年，梁郑二人的恋情同样没能逃过"七年之痒"，两人以分手告终。2008年娱乐圈闹得沸沸扬扬的歌手庾澄庆和演员伊能静的婚外恋最终也没能逃出七年之痒，而曾经遭遇七年之痒的内地明星夏雨与袁泉倒是最后传起了婚讯。但是不论在七年之痒之后，以分手或者离婚告终，还是最终又走到一起，都是没有逃过情感之年之痒的。

"七年之痒"这个词在现在越来越流行，它是指人们在婚姻或者恋情到了第七年的时候可能会经历一次危机的考验。"痒"的意思就是指"不舒服"，这个考验是感情的转折点，一旦成功，感情便能朝着良性健康的方向发展；反之，则可能会导致感情解体，二人劳燕分飞。当然，七年只是一个概数。总之这个词的意思就是指，感情在经过一段时间之后就会出现危机。

从人的成长角度来讲，大多数人是在婚姻中实现人自身的成长。恋爱的时候对自己的认识和把握还不清楚，更不知道自己需要什么样的配偶。随着婚龄的增加，尤其是许多家庭抚育幼儿之后，育儿任务的繁重和教育理念的差距，使婚姻中长期积累的矛盾慢慢凸显。加之双方人生发展轨迹的不同，造成实力的悬殊和共同语言的减少。婚姻专家指出，

最大的离婚理由，不是婚外情，而是夫妇二人不能配合，不能再生活在一起。从沟通的方式来讲，中国有句俗话"熟人不讲理"，夫妻间的关系太熟了，往往忽略配偶的需要，不再选择表达的方式，在表露自己情感的时候不加掩饰，很多情况下会伤及对方。严重地会造成感情不合，并终以分手收场。

其实这种现象也可以从经济学角度来解释。这也是一种"边际效用递减"。所谓"边际效用递减"就是指，一种产品对于一个人来说，其额外效用随着已有总消费量的每一次增加而递减。这一定律从生理上来讲最容易解释清楚。比如一个人在非常饿的情况下，吃第一个包子，会感觉很好，再吃一个也不错，可是吃到第三个就会觉得有些肚子胀了，而如果逼他吃第四个，他就会坚决反对了。因为这种满足感随着吃的越来越多而递减了。正如下雨天的时候，一把伞是雪中送炭，两把就有些勉为其难，而三把、四把，就会成为累赘，带来不便。这就是边际效用递减的生动体现。

我们都知道，人们无论做什么事情都希望自己能够得到最大化的经济效益。所以，才会有多给一个苹果，就会有揽到更多回头客的现象。但是时间久了，慢慢地也会出现买者不再在乎这一个苹果的现象，那就是因为他得到的多了，也就渐渐地不在乎这点儿小便宜了。

在日常生活中我们还会常有这样的体验：如果一个陌生人向我们伸出了援助之手，哪怕只是一点微不足道的帮助，我们都会感激不尽。但是，在家庭生活中的妻子和丈夫常常无视对方为自己所做的一切，认为"这是责任和义务"，而不是因为"爱"和"关心"；一旦外人对自己做出类似行为，则会认为这是"关心"，是"爱的表示"。当我们遇到问题时，我们的亲朋好友大力相帮，并不让我们觉得奇怪与感激，因为我们总是认为"他是我的亲戚"、"他是我的朋友",帮助我们是理所应当的。实际上,人们并没有必须要对另一个人付出的义务。假如我们从接受者的角度来看,别人对自己的态度往往是不符合人性中生来俱有的经济学追求——使自己的利益达到最大化的。

静和盈是闺中密友,两人几乎是同一时间交的男朋友。情人节那天,两人都收到了一大束玫瑰,可是同事们发现二人面对如此珍贵而又浪漫的礼物时的反应却大相径庭。面对男友递过来的玫瑰,静欣喜若狂,她感受到一种被呵护、被关爱的极度甜蜜。静当场给男友一个深情的拥抱,甚至不顾旁边有他人在场,深情地亲吻了男友。而相比之下,盈的反应则太平静了。面对那束娇艳欲滴的玫瑰花,盈只是浅浅一笑,没有多少感动与兴奋。

为什么同样收到礼物,两个人的反应却截然相反呢?事后大家才知道,原来盈的男友在情人节前的那两个月,每周都会送盈一束玫瑰花;而静的男友从来没有送过玫瑰花给她。所以两人才会有不同的反应。很明显,如果盈的男友不是一直都有送玫瑰花给对方的习惯,那么在情人节那天,盈的反应就会和静一样,感动而兴奋。这就是一种"边际效用递减"。因为玫瑰花送多了,所以就失去新鲜感了。收到玫瑰花的喜悦之情随着一次次地收到而慢慢递减,直到消失殆尽。

男女双方的情感其实也像送收玫瑰花的反应。在双方刚刚被吸引的时候,看到的多是对方的优点,看到的是自己被对方吸引的那些好处。而对于对方的缺点,也会十分宽宏大量地包容。但是当二人在一起的时间久了,慢慢地就会发现彼此的优点因为见的太多了,也就没有什么过人之处了。而对方的缺点,也在这种情况下越来越凸显出来,并且让自己越来越难以忍受,到最后就会出现情感不合,出现"痒"。

通常情况下，两人在一起之后的生活会由原来的新鲜与激情变得越来越平淡，也就会使双方越来越觉得无趣。事实上，生活本来就是"柴米油盐酱醋茶"，不可能有太多的激情与新鲜。而那些没有躲得过七年之痒的人，就是因为受不了"边际效用递减"给自己带来的平淡生活，或者对对方有了深刻的认识之后失去新鲜感，而以婚姻失败，或者感情破裂而告终。那些经过"七年之痒"最终还能在一起的人则是因为在经过这种磨合之后，理解了情感生活的真谛，真正寻找到了自己在情感中所需要的。婚姻或者情感的失败者都是经历一个"热恋——婚姻（情感）——无趣——疲惫——逃离"的过程，而成功者则在这逃离的时候选择了坚持，最终又回归到了婚姻或者情感中。

为什么越有人关注，你的博客更新会更频繁

当你打开自己的博客，看到又有很多朋友看过你的页面时，你一定会感到很高兴，因为你被关注了！在流行博客等个人空间的今天，大多数人都会为自己空间的点击率不断上升而感到高兴。同时，当你发现自己的页面得到很多人的认可的时候，你就会花更多的心思去装扮它，希望它能得到更多人的关注。而同样的，当每次我们发现有新的朋友出现在"最近访客"上时，我们也会马上花几分钟的时间去看看他们的空间，去关注他们的生活。

在日常生活中，我们岂不是同样希望别人多关注一下自己呢？今天

我们穿了一件新衣服、改变了一下发型，甚至换了一种淡淡的唇彩，这个时候我们都希望得到同事、爱人、朋友的关注和赞美。同时在生活中，我们会发现自己也会经常去关注那些曾经关注过自己、帮助过自己的人。

出现这种情况是因为人们受到了关注的激励，所以对此作出了一些反应。心理学家通过研究表明，每个人都希望自己成为别人关注的对象，都希望能够引起他人的注意，最好是得到他人的青睐。所以，人们在公共场合时，总是想努力表达自己，将自己最优秀的一面表现出来。

众所周知，诚信是许多企业生存的重要法则。虽然现在有很多方法能够避免买卖双方中的某一方不守信用，但是大多数时候，信用还是要靠企业自身来维持的。

据美国经济学家考察，在越南，许多生意完全依赖于人们的自觉，通常是通过买卖双方的承诺来维持。胡志明市的一个银行家说："我们没有什么商业法则可以用来解决企业间的争端。当商人们签署协议时，他们不能指望法律文本提供依靠，这使得企业之间很容易出现相互欺诈。"

从20世纪80年代中期的改革以来，越南的私有部门开始复兴。到90年代早期以后，小型制造业企业迅速繁荣起来。但是越南政府对工商业的发展并不那么友好，因此企业家们不得不自己来建立游戏规则。既然越南的私有部门已经有了如此旺盛的活力，那么一定存在着某些保证协议执行的方法。由于无法通过法庭来解决问题，企业家得依靠他们自己的机制。

一个人如果没有定期支付账单，那么就会给人一起没有诚信的印象。如果某个客户欺骗了一位制造商，那其他人就可以很快得知这个消

息，并且把这个债务人列入黑名单。那么他以后就会很难再与他人达成协议，也就没法再进行商业活动。因此很多企业主都极力遵守行业规则，信守承诺。企业主们因为受到了诚信与否给自己带来的影响的激励，所以大都努力维持自己的信誉。

其实这些企业除了因为受到诚信与否的影响，还受到了"霍桑效应"的影响。因为企业在业内进行经济活动，不仅会受到经济利益的激励，而且还会对其他企业产生影响。企业如果信守承诺，遵守一切规则，那么就会树立一个良好的企业形象，也就会受到其他企业的关注。因为受到关注，引起了他人的注意，就会更有利于进行商业贸易，就会从中获得更多的经济利益。当一家企业的声誉得到了好评，在业内为其他企业所认可，他们会更加努力打造好自己的形象。结果在这种激励作用下，越南的这些私人企业市场虽然欠缺法律的保障，却依然能够很好地运行下去。

人们因为受到激励作用的影响，从而约束了自己的行为，做出了利人利己的经济行为。其实在现实生活中，我们也很容易发现，大部分品牌企业的产品质量要更好。并不是因为这些企业更愿意付出更多的成本，而是因为这些企业受到了足够的关注，致使企业主动或被动地增加成本，提高质量，以维持自己的品牌形象。同样的，一个人会更愿意在自己所擅长的领域投入资金，也是因为他所擅长的领域是人尽皆知的，受到了他人的关注，所以他要维护自己的形象，提高自己的形象就一定要在此领域投入更多的资本。而且这是一个循环往复的过程。如果自己的品牌更好，产品质量更高，那么就会更受关注，所得到的利润也就会更多，所以也就会激励企业更加注意自己的形象而投入更多的成本。

▁▃▅ "破窗理论"真的是"损害有益"吗

年轻的妻子回家后，发现老公身上有一股不熟悉的女用香水味，她质问几句，没等老公解释，突然拿起花瓶朝老公砸过去。老公一下子闪开，没被砸着，但是花瓶打碎了老公身后的窗户玻璃。因为没有纱窗，玻璃破了，蚊子要飞进来，晚上如果睡不好，第二天如何上班呢？倒霉的老公必须要出去到玻璃商店去买一块玻璃，并且要请师傅来给安装。

老公到了玻璃商店花钱买了块玻璃，于是玻璃零售点卖出去了一块玻璃，同时，它就要向玻璃批发商下一个新的订单；批发商由于多卖出一块玻璃，销售额增加了一份儿，而且批发商也要给玻璃工厂下个新订单，工厂需要在生产线上增加一个单位面积玻璃的生产。由于工厂增加了生产，它所需要的原料（比如石英粉），也就增加了全社会的需求，于是生产石英粉的企业也增加了订单，同时每个工厂的用电需要也增加了。于是，电厂的电力销售和煤矿的煤碳销售也增加了；另外还有几个环节中的运输，煤炭运到电厂，石英粉运到玻璃厂，成品玻璃运到批发中心，批发中心运到零售店，零售店运到这位倒霉老兄的家，而运输增加了物流业的需求；此外，这些公司之间相互的财务结算又增加了银行业务的发展；为防止玻璃破碎，要买保险，保险业的需求也增加了，等等这一切就刺激了经济的全面发展，GDP也因此增加了。

玻璃安好以后，事情并没有解决。老公还要向女人解释香水如何来

的，原来跟公司年中晚宴抽奖有关。他负责抽奖礼品，其中一瓶女用香水被一位同事抽中，她打开以后到处乱喷，结果喷在了他身上。为了哄老婆高兴，事后他上街给老婆买了一条珍珠项链。这又产生了一个"项链理论"，因为珠宝零售商、批发商、生产商，以及珍珠养殖业也得到发展了，并且相关的物流、金融、保险、保安等等行业又开始了一系列新的经济活动。

因为一块小小的玻璃而产生了经济反应，这一反应，在灾难经济学中被称为"破窗理论"。对于一个家庭来说，这是一个小小的灾难，因为玻璃碎了要买，还得找人来安装，这都需要支付一定的费用，而哄妻子开心更需要破费。这两件事虽然并不是什么大事，但是从经济学上来说，却引起了一系列的经济活动，因此可以说是一只花瓶引起了经济变动。

"破窗理论"也称"损害有益"，有些"塞翁失马，焉知非福"的意思，是宏观经济学中的一大理论，具体表述为，物品的占有者遭受一次损失，为了弥补这个损失，就会对商品产生新的需求，这个需求缺口就能带来供给的增加，重新使供需达到平衡。很多经济行为的出现都是因为"破窗"的出现。

1998年我国境界发生了特大洪水灾害，造成了极大的经济损失。而当时正是亚洲金融危机的蔓延期，我国承诺人民币不贬值，这样一方面抑制了危机的发展，另一方面也使自己的国家面临了很大压力，经济增长面临滑坡的危险。在这种情况下，特大洪灾的出现，使得灾后重建的任务大大增加，物资、劳务的的需求量急骤加大，客观上为政府采取积极的财政政策以刺激经济提供了契机。洪灾虽然给中国造成巨大的经济损失，但是灾后庞大的重建工程会对中国整体经济有一个强有力的拉动作用，而且重建不会是在原来低水平上的再建，而是一个更高水平上的新建设，因此经济效率将比原来更高，增加了国家的GDP。

2008年年初，我国南方地区遭遇了多年不遇的长时间雨雪灾害，导致供电与通讯中断、交通受阻。由于正逢春运高峰，对社会秩序及经济状况都造成了很大的不利影响。当时有一些经济学家根据受灾情况预测，1月份的GDP增速将因此下降0.5个百分点，CPI指数则会上涨0.3个百分点。但是雨雪灾害也暴露出一些公共设施的不合格，因此在救灾及灾后重建时，因为特别是增加对基础设施的投入，使需要量有了极大的增加，也促进了经济的发展。这次"破窗效应"促进了铁路、公路、电网、通讯线路等的建设方面产生作用，与之相关的上下游行业显然也将因此而受益。灾后重建所增加的投资在一定程度上刺激了经济活动的活跃，拉动了GDP的增长。

汶川地震之后，四川的GDP也较之前增长了很多，这也可以说是"破窗效应"在起作用。但并不是说它就是有益的。因为我们始终需要牢记"资源是稀缺的"，如果这些重建的资源用在其他的方面，同样能够促进经济的发展。所以说包括地震在内的所有灾害虽然对经济的发展也有一定程度上的影响，但是总的来说是有害无益的。

📊 为什么卖假药的都找"教授"

近来年，因为买假药上当的例子非常多，不但老年人会上当，很多年轻人也会上当受骗。这些假药能骗这么多的人，肯定有它的"高明"

之处。仔细研究，便能发现，"权威的力量"在假药的销售中起了至关重要的重用。曾在网上流传起了一个名为《电视广告中出现的相貌一样名字不一样的一群骗子》的帖子，发帖人一口气罗列了山东部分电视台中出现的12位涉嫌虚假广告"变脸"高手，这些三流演员摇身一变成为著名大学医学教授或者某种疾病的研究所主任等等颇具权威的医学界人士，为一些"专治疑难杂症"的药品、医院鼓吹。他们用同一副面孔同时在多个广告中扮演不同"专家教授"，内容设计药品、保健食品、性病专科医院等等。这些广告虽然都在地方台播放，但是播放频率却非常高。从这一点可以看出，广告的确为药品或者医院起到了"广而告之"的作用。

美国心理学家曾做过一个有趣的实验，在给大学心理系学生讲课时，向学生介绍说聘请到举世闻名的化学家。然后这位化学家说，他发现了一种新的化学物质，这种物质具有强烈的气味，但对人体无害。在这里只是想测一下大家的嗅觉。接着打开瓶盖，过了一会儿，他要求闻到气味的同学举手，不少同学举了手，而事实上，这只瓶子里装的只是无色无味的蒸馏水，而"化学家"也只是从外校请来的德语教师。这种由于接受权威人士的暗示所产生的信服和盲从现象被称为权威效应。

"权威效应"又称为"权威暗示效应"，是指一个人如果在社会上有较高的地位，有威信，受人敬重，那么他所说的话及所做的事就容易引起别人重视，并让他们相信其正确性。"权威效应"的普遍存在，首先是由于人们有"安全心理"，即人们总认为权威人物往往是正确的楷模，服从他们会使自己具备安全感，增加不会出错的"保险系数"；其次是由于人们有"赞许心理"，即人们总认为权威人物的要求往往和社会规范相一致，按照权威人物的要求去做，会得到各方面的赞许和奖励。

权威效应也是一种示范效应，它对人们的消费动向也产生了极大的影响。比如，CCTV的广告费用非常高，但是很多企业却不惜花重金"夺标"。对于一些产品，尤其是药品来说，找权威人士做广告，要比名人做好得多。因为药品是一种特殊的商品，名人做广告固然能增加其知名度，彰显企业的总体实力，但是却不能令人信服。所以名人效应在这种商品的推广中不起作用。而如果请一些"专家教授"来做广告则容易使人相信，效果也立竿见影。因为专家教授都是业内的权威人士，所以很多人便不自觉地就相信了他们所代言的药品。

而一些不良药品生产企业与不良医院也正是由于人们的这种心理而想用权威效应来推销自己的产品，以达到利润收益的目的，但是由于其产品并不如自己鼓吹的那样好，甚至没有任何疗效，而医院的医术也达不到"妙手回春"的作用，所以那些真正的权威人士便不可能为其代言。但是这些权威人士又有一个缺点，那就是并不像明星一样广为人知。于是他们便找一些三流演员来装扮教授，装扮某某医学研究机构的专家，对自己的药品与医院进行大力鼓吹，并且在一些地方台轮番播放。正如俄国著名作家契诃夫说："有权威的人即使撒谎，也有许多人相信。"这些假专家与教授们做的假广告"成功"地欺骗了许多病急乱投医的人。

权威效应用为示范效应的一种，对人们的经济行为产生着很大的影响，这也是为什么一些不良医药机构会花钱去请一些突破道德底线的演员假扮专家教授的原因。这种行为是因为权威效应能够带来的经济效益。

吃不吃鸡蛋是你自己说了算吗

　　有两家卖粥的小吃店，每天的顾客相差无几。然而，晚上结算的时候，左边店总是比右边店多出一百多元。两家店都去过的细心人会发现，进入右边粥店时，服务员会微笑着迎上去，盛一碗粥，问道："加不加鸡蛋？"有说加的，也有说不加的，大约各占一半。而走进左边粥店，服务员也是微笑着迎上前，盛上一碗粥，但是问的却是："加一个鸡蛋还是两个鸡蛋？"爱吃鸡蛋的说加两个，不爱吃的就说加一个，也有要求不加的，但是很少。所以一天下来，左边店就总比右边店多卖出很多鸡蛋，也就会多赚很多钱。

　　为什么会出现这种现象呢？其实很显然，原先不吃鸡蛋的人后来受到了无关参考值的影响。他本来不吃鸡蛋，但是服务员问的不是吃不吃，而是吃几个，结果就要了一个。在我们的日常生活中，很多的消费决策总是受到这些参考值的影响。实际上这是一种非理性的心理现象——锚定效应（又称沉锚效应）。

　　锚定效应是指当人们需要对某个事件做定量估测时，会将某些特定数值作为起始值，起始值像锚一样制约着估测值。人们在做决策的时候，会不自觉地给予最初获得的信息过多的重视。如在一项经典的研究中，两位研究者要求参与实验的人估计一个数字：联合国非洲会员国所占的百分比。在作答之前，受测者必须先转动一个轮盘（上头列有从

0到100的数字），然后猜测轮盘上所获数值是高于或低于非洲国家在联合国会员国所占的比率（目前联合国会员国为192个，其中非洲53个，所占比率约为28％）。受测者不知道轮盘是被动过手脚，只能停在"10"和"65"两个数字上。虽然这两个数字与问题无半点相关，但奇怪地是它们却强烈地影响着受测者的答案。轮盘若显示数字为"10"，受测者回答的估计值平均为25％；而显示数字为"65"，受测者的平均回答数值则为45％。受测者被轮盘数字常常地影响了。由此可见，有时候，"站得高"并不一定就能看得远！

聪明的商人在推出自己的新产品时，会利用锚定效应对其进行合理的定位：商品摆放在哪一个货架，放在哪一种商品的旁边。比如，一种新的饮料上市时，如果它被放在货架上与我们目光平视的高度上，左边是可口可乐，右边是百事可乐，那么，十有八九它的高价政策会被消费者接受。相反，如果它被放在一个不起眼的位置，与一些价格低廉的商品摆在一起，那么即使这种饮料的质量超群，功能强大，也很难被判定为是一个好的产品。

产业经济学的研究表明，任何商品都可以归类为指导型产品或是经验型产品。这两类产品的差异在于前者在购买之前就可以被判断出质量，而后者则只有在消费之后才会真正被感知。事实上，即使是前一种产品，有不少也是在消费之后才能感知到其部分功能的真实性。有一家皮具制造商就成功利用了人们心理中的"锚定效应"。它不断地在机场和高端百货商店扩展自己的专卖店体系，并且常常与名牌店比邻而居。这就给人们造成了一种印象：一方面，它在不知情消费者心目中至少建立了一个高端品牌的形象；另一方面，它与邻居相比又具有一定的价格优势。结果将自己的品牌成功推广开来。

商家的这一行为正是利用了人们心理中的不理性现象。本来吃不吃鸡蛋，吃几个并不会因为服务员问加一个还是加两个而对鸡蛋产生兴趣，但是顾客在心理上却受到了服务员的诱导，选择了加一个鸡蛋或者加两个。这便是一种不理性的行为。而商品所摆放的位置与商品的质量、价格也没有任何的直接关系，但是因为它周边环境的影响，人们便会对其产生一种想当然的"锚定效应"。美国康奈尔大学心理学家吉洛维奇建议人们自己制订一个折衷平衡的定锚，但是即使这么做还是有问题，因为正如心理学家吉洛维奇说："你不晓得自己受定锚影响的程度有多大，所以很难补得回来。"这也从另一方面佐证人不可能是完全的理性人。

为什么DVD光盘与CD、VCD一样大，包装盒却比后两者的大

CD的包装盒是14.8厘米宽，12.5厘米高。DVD的包装盒却是10.45厘米宽，19.1厘米高。为什么光盘的尺寸一样，包装却如此不同呢？

其实这可以说是一个历史问题，因为在数字CD出现之前，大多数的音乐唱片是以黑胶唱片的形式出售的。黑胶唱片要比CD唱片大得多，所以它的包装盒也要大很多，大概得需要30.2厘米见方的纸盒子。当CD出现之后，很快便几乎完全取代了黑胶唱片，但是销售商却发现摆放黑胶唱片的货架空间，刚好足够摆上两排CD盒子（包含当中的间隔）。因为

CD盒子大概相当于从前黑胶唱片的一半宽，这就使得零售商无需承担更换存储架和展示拒台，从而节约了很多的成本。

DVD包装背后也隐藏着同样的考虑。DVD出现以前，大多数租赁店放的是VHS格式的录像带，装在13.5厘米宽、19.1厘米高的纸盒子里。录像带一般是标签朝外并排展示的。在消费者逐渐改投DVD怀抱的过程中，DVD包装盒保持同样高度，方便租赁店在现有的货架上进行展示。此外，DVD盒子跟VHS录像带盒子一样高，消费者也会更乐于投入DVD门下，因为他们能把新买的DVD放在原来存放VHS录像带的架子上。

CD和VCD的架子开始用摆放是因为节省成本，DVD是为了方便人们将其放入原先的VHS盒中。这都是在很久之前形成的原因。现在黑胶已经几乎没有，人们制造架子不再以黑胶为标准，而VHS也已经完全被DVD取代，为什么这些摆放CD的架子和DVD盒子的样式依然没有改变呢？其实这里面也隐藏着一些经济学的道理，那就是路径依赖。

生物学家将5只猴子放在一只笼子里，并在笼子中间吊上一串香蕉，只要有猴子伸手去拿香蕉，就用高压水教训所有的猴子，直到没有一只猴子再敢动手。然后用一只新猴子替换出笼子里的一只猴子，新来的猴子不知这里的"规矩"，竟又伸出上肢去拿香蕉，结果触怒了原来笼子里的4只猴子，于是它们代替人执行惩罚任务，把新来的猴子暴打一顿，直到它服从这里的"规矩"为止。试验人员如此不断地将最初经历过高压水惩戒的猴子换出来，最后笼子里的猴子全是新的，但没有一只猴子再敢去碰香蕉。起初，猴子怕受到"株连"，不允许其他猴子去碰香蕉，这是合理的。但后来人和高压水都不再介入，而新来的猴子却固守着"不许拿香蕉"的制度不变，这就是路径依赖的自我强化效应。

这些猴子的行为就是路径依赖造成的。我们在日常生活中也经常会有这种行为。比如会喜欢去同一家商店买日用品，会去同一家小吃店吃东西，会选择同样的一条路到一个地方，会选择同样的出行方式，等等。而因为CD架子一直是用黑胶时代的规格，所以就形成了这种路径依赖，厂家一直在生产黑胶时代设计好的架子，而DVD盒子也是因为一开始便考虑到与VHS放在一起的原因，所以就一直生产比较大的盒子，结果人们也都形成了这种观念，认为VCD的盒子就应该是那种样子，再加上生产机器也一直是那种模式，所以就更形成了一种路径依赖，生产的盒子跟VHS时一样，渐渐地便成为了一种习惯，所以就一直没有更换。

在现实生活中，路径依赖现象无处不在。一个著名的例子是：现代铁路两条铁轨之间的标准距离是四英尺又八点五英寸，为什么采用这个标准呢？原来，早期的铁路是由建电车的人所设计的，而四英尺又八点五英寸正是电车所用的轮距标准。那么，电车的标准又是从哪里来的呢？最先造电车的人以前是造马车的，所以电车的标准是沿用马车的轮距标准。马车又为什么要用这个轮距标准呢？因为古罗马人军队战车的宽度就是四英尺又八点五英寸。罗马人为什么以四英尺又八点五英寸为战车的轮距宽度呢？原因很简单，这是牵引一辆战车的两匹马屁股的宽度。

为什么世界杯期间全球经济损失104亿美元

世界杯是人类迄今为止最为受欢迎的全球性体育赛事，要比奥运会还受欢迎。而且在世界杯期间，啤酒、餐饮等相关行业的消费都会大增，会给许多国家的餐饮业带来巨大的商机。如果说，世界杯期间会使全球经济遭受巨大的损失，你相信吗？

有报道称：2010年的南非世界杯无比的精彩，组委会和国际足联都为超高的收视率而洋洋自得，但世界杯对全球经济是一场"灾难"。瑞士某研究学院统计，整个赛事期间，参赛队所在国家有一半工作人员看球，全球经济就会因此损失至少104亿美元。据估计，32个参赛国中，德国和墨西哥两国经济受影响最大，损失可能高达17亿美元；其次是巴西，损失高达12亿美元；而阿根廷损失则为4.85亿美元。负责这项调查的威廉·斯密特称，全球在世界杯月至少有10亿人观看电视转播，实际经济损失可能更大。而在欧盟国家中，就单个工作人员在单位时间内的经济损失，葡萄牙可能最高。估算表明，葡萄牙每个工作人员在世界杯前三场比赛期间，平均至少损失26.3欧元，这将让葡萄牙的GDP明显下滑。但因为葡萄牙在欧盟财政状况属于中流，而荷兰、丹麦、德国等国的工作人员在单位时间内所创造的财富是葡萄牙一名工作人员的两倍甚至更高，因而葡萄牙所遭受的经济损失在整体上并非最严重的。

看到这样的报道，大家都会究其原因。其实很简单，在世界杯期间，32强所在国都在各自球队比赛时，纷纷宣布学校停课、银行和其他企事业单位提前关门，以便员工观看世界杯。即便那些无缘世界杯的国家和地区，也会因此而影响到实际工作。

　　其实不仅在参赛国，即便在中国也有很多人因为要看球赛而影响到工作。很多企业为照顾球迷员工，推出世界杯期间的临时工作制度，如世界杯期间上班时间推迟一个小时等。一位是巴西球迷的老板更贴心，只要是巴西队的比赛日，公司所有员工放假。还有更疯狂的，南昌30多名哥们一起辞职，啥事不干，困在一个小屋里集体看球，谁也不许出去。据报道，在英格兰队小组赛两连平后，最后一场对斯洛文尼亚将成为生死战，而该场比赛时间正好是在英国时间下午3时。据国际足联赞助商洲际轮胎公司所做的一份调查，英国工人总共找到了3185万个完全不同的理由与借口早退，目的就是去为英格兰队加油。

　　众所周知，经济的发展是要靠生产力来完成的。可是在世界杯期间，各行各业的人都无法安心工作，有的公司干脆给员工放假。这自然会影响到企业的生产，而且并不是单一的影响，在分工与合作越来越密切的这个时代，牵一发而动全身，自然会对其他行业也产生影响，也就会对整个经济产生影响，造成巨大的损失。因此世界杯期间全球经济损失104亿美元是极有可能的。

▥ 垄断真的是无处不在的吗

我们在前面已经说过垄断的形成主要有两种方式，一是自然垄断，一是政府创造的垄断。自然垄断如微软公司的软件，政府创造的垄断如我国的电力、通信等行业。垄断从来都是人们反对的行为。无论哪个国家与地区都在大力进行反垄断的行为。国内的传播媒体和经济学界普遍认为，垄断本身是罪恶的，它会带来社会的损失；而理想的状况，永远是完全竞争的状态。其实垄断是普遍存在的正常现象，它是指供应商有能力左右"价格"和"产量"。

人们通常会认为垄断抑制了竞争，对市场的发展不利，所以便大力展开反垄断的行为。无论是在美国，还是在中国，政府都制定了《反垄断法》，通过这一法律来打击垄断行为，号称是为了维护市场秩序，推动公平竞争。

垄断行为真的应该打击吗？一般情况下，人们都认为垄断操纵市场，操纵价格，非常不利于市场竞争，并侵害了广大消费者的利益，所以应该对此进行严厉的打击，可事实也许并非如此。当然对于那些通过政府手段达到垄断的行业的确是操纵了市场价格，侵害了消费者的利益，应该对此进行严厉的打击，但是那些因为自然竞争而形成垄断的行业也许并没有对市场产生负面影响，没有侵害消费者的利益。

反"垄断"的人实际上是在虚构一个"完全竞争"的幻象。事实上

现实世界并不存在假设的"完全市场竞争"现象。满足"完全竞争"，除非每个厂商的产品均无任何差异、可以完全互相替代，所有人都可以无成本地获得全部的信息，现有和潜在的厂商都可以无成本地进入市场，但这种情况是不可能出现的。因为要总是存在产品的差异、地域的差异和信息的差异，任何一个厂商就能处于某种垄断地位，这样他们才有利可图。商业经营的过程就是尽一切可能谋取超越竞争对手的优势，谋取一定的差异定价能力，从而谋取一定程度的市场垄断地位，无论是通过独家秘方、技术进步、产品质量的提升、成本的降低、对市场信息的掌握和处理，还是对客户的维护、服务流程的优化等，都是基于对垄断地位(即竞争优势)的追求。事实上正是人们在商业过程中不断追求垄断地位的努力，不知不觉中推动了经济的发展。

事实上，"垄断"是无处不在的。例如，在北京前门有一家老字号小肠陈，门脸很小，但生意奇好，平时经常没有空位，而附近其他很多餐馆却生意一般。顾客在小肠陈门口排成了长队，不时成为新闻。小肠陈由于其独特的口味和经营上百年积累的口碑和人气而具有了其它餐馆不具备的竞争优势，从而具备了抬高价格的能力。小肠陈可以说在特定的地域——北京前门地区，特定的市场——小肠这种小吃的市场上具有了垄断地位。再如，便利超市7-11提供24小时服务，由于在深夜其它商店都关门打烊，7-11在深夜的时间段便具有了市场垄断的地位，因此商品定价高于其它商店。

任何反对"垄断"的人，其实质就是主张产品不能有任何差异，或主张产品必须在集中的市场进行买卖。只有那样，即只有当任何产品都像股票市场上无差异的同种股票那样，才有可能消灭"垄断"现象。可是，任何产品都没有差别，这种事是不可能存在的。"垄断"是普遍存在的、合理的经济现象。有人说，判断一家厂商是否垄断，要看它占市场的份额，看这一份额是否超过某个百分比。这种观点错在两个地方。第一，市场的范围总是无法清楚界定的。第二，就算市场上只有一家"可见"的厂商，但暗中仍然可能有无数潜在的厂商伺机进入，那仍然是竞争的市场。竞争与否，是不能光看"可见"的厂商个数的。

由此可见，垄断也并不是坏事，而且垄断，尤其是自然形成的垄断是无处不在的。甚至可以说，每个市场从业者都有其不可取代的垄断地位，也正因为其不可取代的垄断地位而在市场上有立足之地，所以对自然垄断不应该反对与打击。

ⅲ 用盗版是为了打击垄断行为吗

盗版一直是各国严厉打击的对象，但是这种行为却一直非常猖獗，尤其是在中国，盗版行为可以说无孔不入。以图书为例，盛大文学总裁吴文辉透露说，据不完全统计，现今文学盗版网站的数量约为53万家，每一家站点的建设成本仅为数万元，而每年盗版电子书市场总规模约为50亿元，每个盗版者每月能获得的收益少则数千元，高则上万元乃至上百万元不等。而目前国内1400多家从事文字文档下载的电子网站当中真正拥有版权的只有4.3%，也就是说，目前的绝大多数网站存在盗版问题。

不仅是图书，其他一些行业的盗版现象也十分严重，近年来最大的

盗版事件莫过于微软电脑系统的盗版行为了。有些人认为微软的行为造成了垄断，使用盗版是为了对其进行打击，是一种正义的行为。甚至有的破解光盘上居然印有：请放心使用盗版，正版费我们在清朝时就已经付过了。用盗版真的是为了打击微软公司的垄断行为吗？也许事实的真正原因并非如此。

有人认为，软件产品包含了大量人类共享的知识，所以软件本身就应该拿来共享。可是这个理由站不住脚的。街上跑着的汽车发动机原理是共享的，但谁也不能就此要求共享别人的轿车。书店里卖的书是由文字组成的，但是我们不能因此而把书店里的书拿来共享。软件的确包含了许多共享的数学原理、操作系统原理和算法，但既然软件产品受到了知识产权的保护，我们就无权擅自共享别人研制的软件。我们当然可以利用共享的数学原理和编程原理自行开发软件，但那跟擅自使用别人辛勤研制的产品完全是两码事。

确切地说，知识产权所要保护的，恰恰就是人们在共享知识上"追加的思想结晶"。而且，这种对"追加的思想结晶"的保护，也还是有时限的。如果一件产品，只要包含了共享的知识，就得拿出来给大家共享，那么试问世界上还有什么东西能免遭共享？盗版软件之所以泛滥成灾，根本原因是现在的复制技术高超，制作盗版的成本很低。正是软件的这一天性，导致了软件容易被盗，导致了知识产权保护法的出台，也导致了各种"盗版有理"的奇谈怪论。假如微软将"Windows"做成硬卡也许根本无法盗版，事实上微软等软件厂商，本来的确可以采用"硬卡"的方式发布产品，但这样做会对用户造成"代码升级"和"功能扩展"等方面的诸多不便。他们当初决定选用软件的方式，对全球软件业的蓬勃发展起了决定性的促进作用，但是没想到会引发了盗版的问题，更没有想到盗版在中国居然成为了一种正义行为。

人们使用盗版主要是因为微软的软件价格太高。众所周知，一张盗版的光盘价格不过几元，而一张正版光盘的价格最少需要上千元。在中国目前的国民的收入水平之下，很少有人能够承受得起如此之高的价格，所以很多人便转而使用盗版。而软件的成本非常低，一张光盘的成本甚至不足一元，所以很多人也因此而讨伐微软，认为它在谋取"暴利"，并以此为由理直气壮地使用盗版。

可是只要软件做得好，顾客愿意付钱，开发商就可以发财，这是经营的成功，本来天经地义。微软钱越多，表明它们给用户带来的好处越大。况且微软并没有强迫用户使用它的产品，只是因为它的产品形成了自然垄断而已。

随着知识产权法的落实，随着防盗版技术的改进，中国的计算机用户将逐渐改用正版软件。这当然需要人们在心理上和金钱上都要作出痛苦的调整；不少在竞争中落败的软件厂商，恐怕还要遭受破产的打击。但我们不要忘记，只有改用正版，才是尊重他人也尊重自己长远利益的，才是正确的经济学思维模式。